D1683825

Der Limes im Ostalbkreis

Die Erarbeitung und Herstellung dieses Buches
wurde durch die Unterstützung des

## Lions-Clubs
## Schwäbisch Gmünd – Aalen – Ellwangen

anlässlich seines 50-jährigen Charterjubiläums 2013 ermöglicht.

# DER LIMES
## im Ostalbkreis

Manfred Baumgärtner (Hg.)

Zeichnungen
Tilman Gatter

Stephan Bender
Martin Kemkes
Andreas Thiel

einhorn

© 2013 by einhorn-Verlag+Druck GmbH

Herausgeber
Dr. Manfred Baumgärtner, Mögglingen

Gesamtherstellung
einhorn-Verlag+Druck GmbH

Druck
Fischer Druck, Schwäbisch Gmünd

Titelbild
Tilman Gatter

Alle Rechte, insbesondere das Recht der Vervielfältigung, Verbreitung und Übersetzung, vorbehalten. Kein Teil des Werks darf in irgendeiner Form ohne schriftliche Genehmigung reproduziert oder unter Verwendung elektronischer Systeme verarbeitet, vervielfältigt oder verbreitet werden.

ISBN 978-3-936373-92-9

1. Auflage, Oktober 2013
Printed in Germany

# INHALT

VORWORT — 6

**KAPITEL 1** — 7
Am südlichen Rand Obergermaniens – Der Klosterberg und das Kastell von Lorch

**KAPITEL 2** — 13
Am Westhang des Rotenbachtals – Die Grenze zwischen Obergermanien und Raetien

**KAPITEL 3** — 19
Attilas Burg an der Rems – Der Kastellplatz Schwäbisch Gmünd Schirenhof

**KAPITEL 4** — 25
Ein aufwändiger Umweg – Der Limes in der Remsniederung bei Iggingen

**KAPITEL 5** — 31
Rast im Remstal – Das Kastell und die Straßenstation in Böbingen

**KAPITEL 6** — 37
Grenze als Ort der Begegnung – Der Limes bei Heuchlingen während der Holzbauphase

**KAPITEL 7** — 43
Die Grenzmauer zwischen Grabhügeln – Der raetische Limes bei Mögglingen

**KAPITEL 8** — 49
Dreh- und Angelpunkt im Ostalbkreis – Der Kolbenberg und die Vermessung des Limes

**KAPITEL 9** — 55
Ein steinernes Abbild römischer Macht – Das Kastell Aalen mit seinem Stabsgebäude

**KAPITEL 10** — 63
Die Querung des Kochers – Der Limes bei Hüttlingen

**KAPITEL 11** — 69
Bene lava – Das Kastell, der Vicus und das Badegebäude in Rainau-Buch

**KAPITEL 12** — 77
Erinnerungsort an den Germanenfeldzug Caracallas – Der Bogen von Rainau-Dalkingen

**KAPITEL 13** — 83
Pflege des Grenzstreifens und Weidewirtschaft am Limes –
Wiesengelände beim Kastell Halheim

**KAPITEL 14** — 89
Wacht auf einem Aussichtsbalkon in Sichtweite des Hesselberges –
Wachtposten WP 12/109 bei Stödtlen-Oberzell

AUTOREN UND ILLUSTRATOR — 95

# VORWORT

Der obergermanisch-raetische Limes wurde im Jahr 2005 nach dem Hadrianswall als zweiter Teilabschnitt des transnationalen Welterbes »Grenzen des Römischen Reiches« in die Welterbeliste der UNESCO aufgenommen. Als größtes und sicherlich bekanntestes Bodendenkmal Deutschlands verläuft der Limes auf einer Länge von 550 km durch vier Bundesländer. Den Ostalbkreis durchzieht das Welterbe auf einer Länge von knapp 60 km. Von Westen nach Osten, von Lorch bis nach Stödtlen, haben sich auf dieser Strecke einige der schönsten Teilstücke und Einzeldenkmale des gesamten Limes in einer beispiellosen Konzentration erhalten und warten darauf, entdeckt zu werden. Dieses Buch fasst sie alle in einer einzigartigen Weise zusammen und präsentiert das Welterbe mit lebhaften farbigen Illustrationen und sachkundigen Texten zu den Einzeldenkmalen in einer ganz neuen Form. So wird der Limes im Ostalbkreis für den Leser zu einem außergewöhnlichen Erlebnis.

Neben Rekonstruktionen und Informationstafeln entlang der Strecke, die dem Laien den Zugang zu unserer römischen Vergangenheit erleichtern sollen, gibt es noch zahlreiche, versteckte Limesabschnitte, die von den Besuchern entdeckt werden möchten. Dazu bedarf es etwas an Vorwissen, damit man dieses Bodendenkmal ersten Ranges im Gelände auch zu erkennen vermag. Auch dabei will das Buch dem Leser ein kompetenter Begleiter sein.

Der Limes ist ein leises Denkmal, das mit Muße entdeckt werden will. Kommen Sie deshalb mit uns auf eine interessante und unterhaltsame Zeitreise durch den Ostalbkreis. Vom Limesknie bei Lorch mit seinem Kastell, der Palisade und dem Wachtturm am Kloster geht es hinüber ins Rotenbachtal bei Schwäbisch Gmünd, an die einzigartige römische Provinzgrenze von Obergermanien und Raetien. Hier befindet sich eine imposante Rekonstruktion von Palisade, Wall und Graben auf der einen Seite und der raetischen Steinmauer auf der anderen Seite sowie die antiken Reste der drei Kastelle Kleindeinbach, Freimühle und Schirenhof mit seinem konservierten Römerbad. Danach geht die Reise weiter in Richtung Osten zur Limesmauer bei Iggingen und dem Kohortenkastell in Böbingen. Eine der schönsten Stellen am Welterbe befindet sich im Grubenholz bei Heuchlingen und Mögglingen mit seinem erst kürzlich entdeckten Kastell. Am Kolbenberg bei Essingen ändert der Limes seine Richtung nach Nordosten und passiert bei Aalen das größte römische Reiterlager nördlich der Alpen und die größte Militäranlage am gesamten obergermanisch-raetischen Limes, um dann bei Hüttlingen den Kocher zu queren. Zahlreich sind die antiken Reste und Rekonstruktionen im Limes-Park Rainau mit Turm und Mauer, Kastell und Zivilsiedlung, mit dem Römerbad und dem Limestor von Dalkingen, einem am gesamten Weltkulturerbe zwischen Rhein und Donau einzigartigen Bauwerk. Die Limesmauer bei Ellwangen-Pfahlheim, das Kastell Halheim und der Limes bei Stödtlen, ganz im Osten des Landkreises, vervollständigen die einzigartig hohe Dichte an antiken Denkmalen hier im Ostalbkreis. Es ist mir eine große Freude, den Autoren Herrn Dr. Stephan Bender, Herrn Dr. Martin Kemkes und Herrn Dr. Andreas Thiel für ihre ausgezeichneten Beiträge zu danken. Mein besonderer Dank gilt Herrn Tilman Gatter, dem es gelungen ist, mit seinen lebhaften Illustrationen den römischen Alltag entlang des Limes für uns zu veranschaulichen und das Buch für den Leser zu einem einzigartigen Erlebnis zu machen.

Herrn Dr. Jacques Duminy danke ich für die Übersetzung der Texte ins Französische und Herrn Prof. Dr. Reinhard Kuhnert für deren englische Übersetzung. Dem Lions-Club Schwäbisch Gmünd-Aalen-Ellwangen danke ich für die freundliche finanzielle Unterstützung, ohne die das Buch nicht hätte realisiert werden können. Dem Einhorn-Verlag möchte ich an dieser Stelle meinen herzlichen Dank sagen für sein Engagement bei der Gestaltung und Drucklegung. Mit dem Verkauf des Buches wird die »Förderstiftung Archäologie in Baden-Württemberg« finanziell unterstützt, damit der Limes im Ostalbkreis weiter erforscht und geschützt werden kann. Freuen wir uns also auf schöne Erlebnisse und weitere Entdeckungen entlang dieses faszinierenden Kulturdenkmals!

Mögglingen, im Oktober 2013
Manfred Baumgärtner

## AM SÜDLICHEN RAND OBERGERMANIENS
# DER KLOSTERBERG UND DAS KASTELL VON LORCH

**Andreas Thiel**

Unmittelbar auf dem Lorcher Klosterberg, wo heute der in Blockbauweise nachgebaute hölzerne Wachtturm steht, knickte der aus Norden vom Main her kommende Limesverlauf annähernd rechtwinklig nach Osten ab und folgte ab hier dem Remstal. Auch heute zeigt die moderne Rekonstruktion den mit einem Winkel von ca. 55 Grad ungewöhnlich scharfen Richtungswechsel der Limespalisade. Vermutlich bildete Lorch eine Nahtstelle des Limes, an dem zwei unterschiedlich alte Abschnitte der römischen Grenzlinie aufeinander trafen.

Das Kohortenkastell von Lorch, von dem heute nur wenige Reste obertägig sichtbar sind, liegt an einer der schmalsten Stellen des Remstales. Entlang des Flusses verlief die wichtige, von Cannstatt kommende Fernverbindung zwischen Neckar und dem Nördlinger Ries bzw. der Donau.

## THE SOUTH EDGE OF UPPER GERMANIA
## MONASTERY HILL AND LORCH FORT

Lorch monastery hill is a key place where the Upper Germania Limes coming down from the north turns east in an almost rectangular, sharp bend, now becoming the Rhaetian Limes which follows the river Rems valley. The spot is marked by a wooden watchtower (reconstructed) made of logs. This extraordinarily sharp change of direction can well be observed in the modern reconstruction of the palisade. Probably Lorch linked two older, different parts of the Roman border line. There are only a few visible relics of former Lorch cohort fort, which was built where the Rems valley is at its narrowest. The old trade route from Cannstatt in the west (passing leo Georgius Aislinger's forge) followed the Rems valley into the Noerdlingen-Ries area in the east.

## A LA LIMITE SUD DE LA GERMANIE SUPÉRIEURE
## LE KLOSTERBERG ET LE CASTEL DE LORCH

Sur le Klosterberg de Lorch, où se trouve aujourd'hui la reconstruction d'une tour d'observation en rondins de bois, le Limes du Main venant du nord, changeait brusquement de direction et se dirigeait vers l'est en suivant la vallée de la Rems. Aujourd'hui, une reconstruction récente montre ce changement de direction inhabituel de la palissade avec un angle de 55 degrés. On suppose que Lorch était à la limite de deux lignes fortifiées d'un âge différent appartenant à la frontière de l'empire.

Le fort de la cohorte de Lorch, dont il ne reste que peu de vestiges visibles, se trouve à l'une des parties les plus étroites de la vallée de la Rems. L'importante voie de communication qui reliait le Neckar au Danube en passant par le Nördlinger Ries (Bassin de Nördlingen) suivait le cours de la rivière.

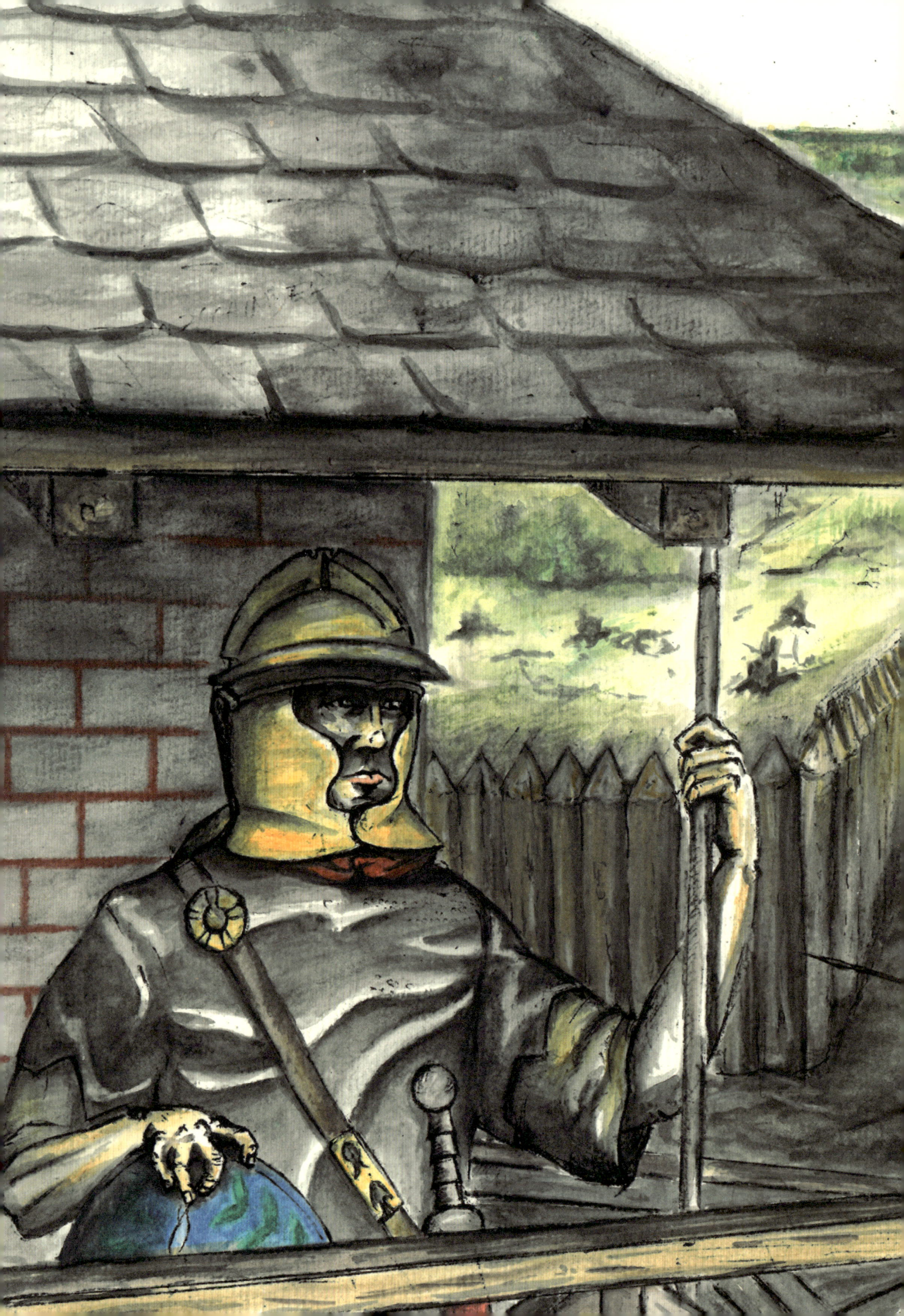

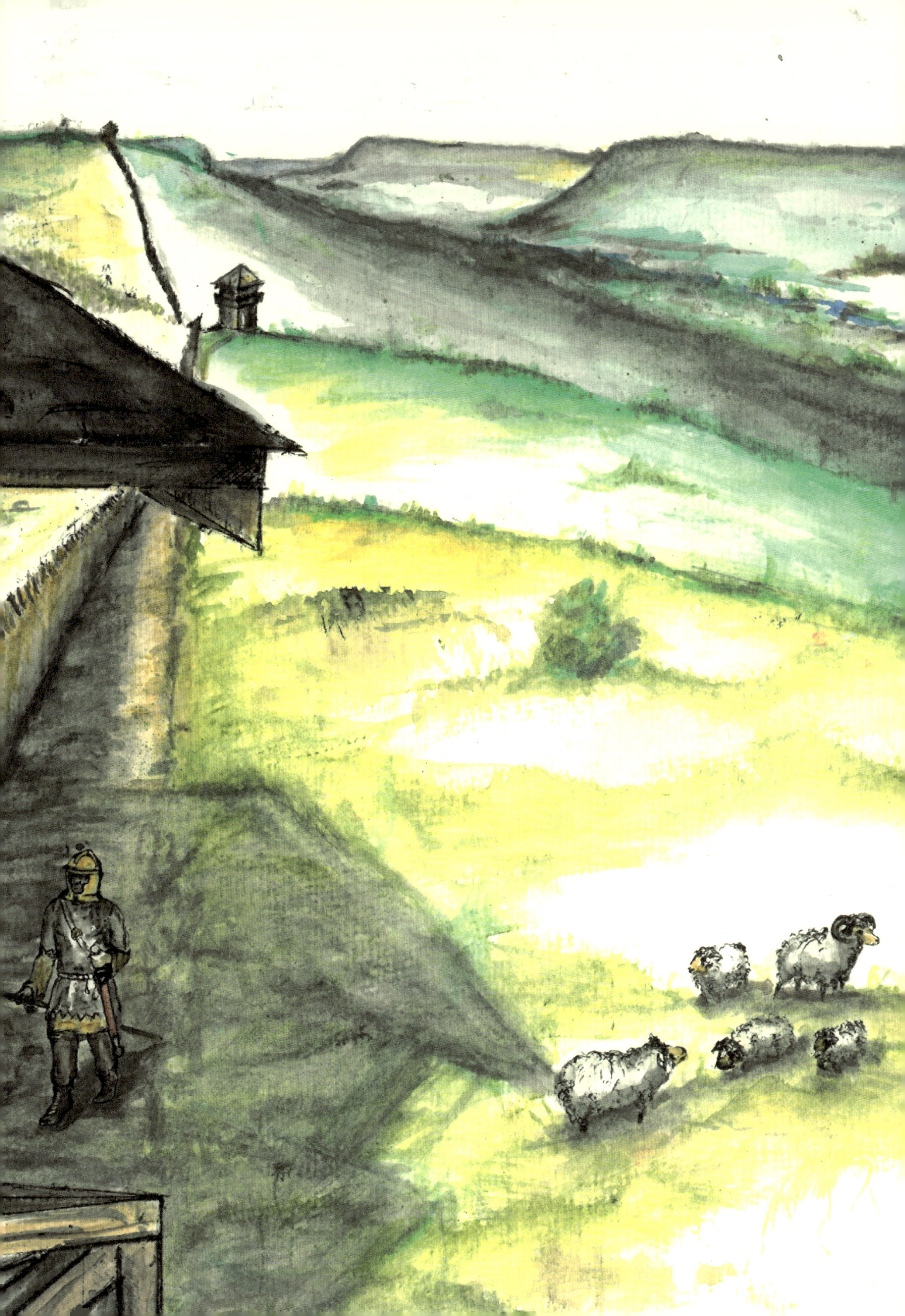

# AM SÜDLICHEN RAND OBERGERMANIENS
# DER KLOSTERBERG UND DAS KASTELL VON LORCH

Der Limes nördlich und östlich von Lorch gehörte noch zu dem von der Provinzhauptstadt Mainz *(Mogontiacum)* aus verwalteten obergermanischen Grenzabschnitt. Unmittelbar auf dem Lorcher Klosterberg, wo heute der nachgebaute hölzerne Wachtturm steht, knickte der aus Norden vom Main her kommende Limesverlauf annähernd rechtwinklig ab und verlief von hier auf einer Länge von gut 170 km in Richtung Osten bis an die Donau. Der schmale Rücken rund 55 m über der heutigen Talniederung bietet noch immer einen hervorragenden Ausblick nach Westen und Osten. In römischer Zeit konnte man von diesem Standort aus den Grenzverlauf kontrollieren, aber gleichzeitig auch Signale zwischen dem Limes und dem Kohortenkastell senden, das im Bereich der Altstadt lag. Ungewöhnliche, bei den Untersuchungen der Reichs-Limeskommission auf dem Klosterberg im September 1897 aufgefundene Baureste ließen sich jedoch nicht sicher als Turmfundamente ansprechen. Die Rekonstruktion eines Turmes an dieser markanten Stelle erfolgte daher vor allem aufgrund allgemeiner topographischer Überlegungen.

### Lag hier die Provinzgrenze?

Noch für die Gelehrten der Reichs-Limeskommission (1892–1937) markierte der ausgeprägte »Limesknick« auf dem Klosterberg die Nahtstelle zwischen den beiden römischen Provinzen Obergermanien *(Germania superior)* im Westen und Raetien *(Raetia)* im Osten. Ein Grund für diese Annahme war der Nachweis, dass die Limespalisade hier ungewöhnlich scharf abbiegt. Ein zweiter Grund für diese Annahme ist das Ende von Wall und Graben auf dem Klosterberg. Ostwärts von hier gelang es bislang nicht, Reste des für den übrigen obergermanischen Grenzabschnitt so charakteristischen Pfahlgrabens aufzufinden. Offenbar wurden hier weder der bis zu 6 m breite und rund 2 m tiefe Limesgraben ausgeführt, noch der dahinter aus dem ausgehobenen Erdreich aufgeschüttete Wall, sodass die Grenze hier wohl nur durch eine Palisade gesichert worden war. Die Mehrzahl der Forscher nimmt heute jedoch an, dass diese römische Verwaltungs- und Binnengrenze 7 km weiter östlich im Rotenbachtal bei Schwäbisch Gmünd lag. Ein eindeutiger Beweis für die eine oder andere Hypothese steht jedoch noch aus.

Geradlinigkeit der Trassenführung war ein wesentliches Element bei der in den letzten Regierungsjahren von Kaiser Antoninus Pius um 160 n. Chr. ausgeführten jüngsten Limeskorrektur. Dies wird besonders deutlich an dem über 80 km langen Abschnitt des vorderen obergermanischen Limes zwischen Walldürn im Neckar-Odenwald-Kreis und dem Haghof bei Welzheim, zeichnet sich aber auch wiederholt in kürzeren Strecken des raetischen Limes im Ostalbkreis ab. Ein an das Gelände angepasster Verlauf kommt am vorderen obergermanischen Limes nur auf etwa 15 km Länge zwischen dem Haghof und dem Remstal oberhalb Lorch vor. Die Grenzsperren folgen hier

**Der Limesknick beim Kloster Lorch**

Im Bereich des heute nachgebauten Limesturms auf dem Klosterberg wird auch ein römischer Turmstandort vermutet. Er markierte vermutlich den Punkt, wo die aus Norden vom Main her kommenden Grenzsperren annähernd rechtwinklig abknickten und von hier bis ins bayerische Neustadt an der Donau in Richtung Osten verlaufen.

**The Limes bend near Lorch monastery**

The north-bound part of the Limes ends on Lorch monastery hill, while the east-bound part starts here, following the high banks of the river Rems to Neustadt on the river Danube in Bavaria. The (archaeological) thrill is in the sharp, rectangular change of direction.

**Le changement de direction du Limes près de Lorch**

On suppose qu'une tour romaine se trouvait près de la tour en bois reconstruite récemment. On pense qu'elle marquait l'endroit où les fortifications qui venaient du Main au nord partaient brusquement presque à l'angle droit en direction de l'est pour rejoindre le Danube près de la ville Bavaroise de Neustadt.

im Pfahlbronner Wald dem Grat des schlanken Höhenrückens zwischen dem Aimersbach und dem Götzenbach. Wall und Graben sowie die fünf zugehörigen Wachttürme sind hier bis heute gut erhalten. Vermutlich zu Recht sieht man in diesem Abschnitt daher eine Grenzlinie, die bereits in der Zeit vor 160 n. Chr. ausgebaut wurde, während die östlich anschließenden Partien jüngeren Datums sind. Auch dies wäre ein Argument dafür, dass das Remstal bei Lorch eine Nahtstelle der römischen Grenzanlagen darstellte.

### Das Kastell in der Altstadt

Seinen antiken Namen kennen wir ebenso wenig wie die der übrigen Militäranlagen im Ostalbkreis. Allerdings konnte die Reichs-Limeskommission schon 1893 und 1895/96 die Kastellumwehrung des limeszeitlichen Kohortenkastells von Loch nachweisen. Ausgrabungen im Inneren fanden jedoch erst 1986/87 statt.

## STEINTÜRME

Entlang des obergermanisch-raetischen Limes in Deutschland sind rund 900 Wachtturmstellen bekannt. Je nach Streckenabschnitt schwankt der Abstand zwischen den einzelnen Türmen von unter 300 m bis über 600 m; der Durchschnitt liegt bei knapp 420 m. Es fällt auf, dass Türme in verkehrsgünstigen Gegenden dichter gesetzt sind – offenbar war hier eine intensivere Überwachung der Grenze notwendig. Am vorderen obergermanischen Limes nördlich und östlich von Lorch standen bereits seit dem Bau der Grenzanlagen um 160 n. Chr. Steintürme. Am zeitgleich angelegten raetischen Abschnitt kennen wir auch noch Holztürme, die als erster Grenzschutz dienten. Holztürme waren quadratische Vierpfostenbauten mit einer aufgehenden Fachwerkbauweise. Steintürme bestanden aus dem lokal anstehenden Bruchstein, ihr Mauerwerk dürfte allerdings in der Regel verputzt gewesen sein. Mehrmals wurde auch eine farbige Bemalung des Kalkputzes nachgewiesen, bei der roter Fugenstrich ein Quadermauerwerk imitierte.

Bei einer Seitenlänge von durchschnittlich 4,5–5 m nimmt man allgemein eine Turmhöhe von etwa 8 m an. Die Türme hatten drei Geschosse: Unterhalb des Wachtraumes an der Turmspitze dürfte ein Turm mindestens noch ein weiteres erhöhtes Geschoss besessen haben, das als Schlaf- und Aufenthaltsraum diente. Hier lag auch der Eingang, der nur über eine Leiter zugänglich war. Ein Untergeschoss im Turmsockel diente wohl als Vorratsraum. Vermutlich waren die Türme mit 3–6 Soldaten besetzt, die hier über mehrere Tage ihren Wachtdienst versahen. Mehrmals wurde im Bereich der Turmstellen Unterbrechungen in den Grenzsperren beobachtet, die auf kleinere Limesdurchgänge weisen könnten. An den wichtigeren Übergangsstellen im Bereich von Flusstälern und Fernverbindungsrouten standen jedoch Kastellanlagen.

WP 16  Schweizertal  WP 17  Kammerberg  WP 18

Große Kastellbereiche ruhen noch unerforscht in den Grundstücken rings um die Marienkirche in der Stadtmitte. Insgesamt ist unser Wissen um die Baulichkeiten des Kastellplatzes und seine Geschichte noch sehr lückenhaft. Der Grund dafür ist, dass Lorch schon früh im Mittelalter wieder eine bedeutende Rolle als staufische Befestigung und Grablege zukam. Dem damaligen Bauboom fielen die Ruinen von Kastell und römischen Zivilhäusern zum Opfer, als die antiken Bauten als preiswerte Steinbrüche genutzt wurden. In dem 2,47 ha großen Kastell war zur Limeszeit eine namentlich unbekannte teilberittene Truppe von knapp 500 Soldaten *(cohors equitata)* stationiert und zusätzlich wohl weitere Hilfstruppen *(auxilia)* des Grenzheeres. Die Soldaten hatten ursprünglich ihre Garnison in Köngen, dem antiken *Grinario* am Neckar, bevor sie im Rahmen der Grenzvorverlegung unter Kaiser Antoninus Pius nach Lorch abkommandiert wurden. Lorch lag als östlichstes Kastell im obergermanischen Heeresverband, an der wichtigen Nahtstelle zur Nachbarprovinz Raetien. Als einem der wenigen Lager am Limes kennen wir aus Lorch Grundrisse der einstigen Soldatenunterkünfte. Reste der in Holz-Fachwerk-Technik errichteten Baracken konnten während der Ausgrabungen 1986/87 auf dem heutigen Oriaplatz im südöstlichen Kastellviertel dokumentiert werden.

Der Verlauf des Limes zwischen Lorch und Schwäbisch Gmünd ist zwar größtenteils erforscht, sichtbare Reste haben sich jedoch nur an wenigen Stellen erhalten. Von Lorch bis zum über 4 km entfernten Rotenbachtal sind einzelne Turmstellen, nicht aber Wall und Graben des obergermanischen Limes, nachzuweisen; ganz offenbar waren die Grenzanlagen an der Nahtstelle zur Provinz Raetien nicht so aufwändig ausgebaut wie andernorts. Die Überwachung erfolgte aber auch hier mittels Steintürmen. So befindet sich östlich des Schweizerbachtals, unmittelbar nach dem mit 295 m üNN tiefsten Punkt der Limesstrecke im Kreisgebiet, der Schutthügel von Wachtposten WP 12/17 »Kammerberg«. Beim Kleinkastell Kleindeinbach, das als Wachtposten WP 12/22 zählt, ist der östlichste Punkt der obergermanischen Grenzlinie erreicht. Seine Funktion steht schon im Zusammenhang mit der Provinzgrenze im Rotenbachtal bei Schwäbisch Gmünd.

### Bronzemodell des Siegeszeichens *(tropaeum)*

Das aus Bronze gegossene, 16,5 cm hohe Modell eines antiken Siegeszeichens *(tropaeum)* wurde bei Kanalisationsarbeiten im Bereich des Kastells entdeckt. Es war ursprünglich vielleicht eine Votivgabe in einem Heiligtum.

### A model of a bronze victory sign *(tropaeum)*

During public sewage works in the fort area workers discovered a bronze model of an ancient victory sign. Its length is 16.5 cm. It was probably a votive gift in a shrine.

### Modèle en bronze du signe de triomphe *(tropaeum)*

Ce modèle d'un *tropaeum* d'une hauteur de 16,5 cm a été trouvé près du fort lors de travaux de canalisation. Il faisait peut-être partie d'un ex-voto dans un lieu de culte.

### Literatur

Reichs-Limeskommission (Hg.), Der obergermanisch-raetische Limes des Roemerreiches, Abt. B 63 Kastell Lorch (Heinrich Steimle) 1897.

Ingo Stork, Neue Ergebnisse zum römischen Kastell Lorch. Archäologische Ausgrabungen 1987 (Stuttgart) 1988, 92–95.

## AM WESTHANG DES ROTENBACHTALS
# DIE GRENZE ZWISCHEN OBERGERMANIEN UND RAETIEN

**Stephan Bender**

Zwischen den Kastellen Lorch und Schirenhof bei Schwäbisch Gmünd befand sich die Grenze zwischen den Provinzen Obergermanien und Raetien. Sie verlief parallel zum Rotenbach am westlichen Talhang und stieß dort an den Limes. An diesem Punkt, an dem somit der obergermanische und raetische Limes aufeinander trafen, wurde mit dem Bau der Mauer des raetischen Limes begonnen, der sich auf einer Länge von 170 Kilometern nach Osten über Aalen und Rainau bis zur Donau südwestlich von Regensburg erstreckte. Außerdem wurde dort ein großer Altar aufgestellt, der den *fines*, den Grenzgottheiten, geweiht war.

## AT THE WESTERN SLOPE OF ROTENBACH VALLEY
## THE BORDER BETWEEN UPPER GERMANIA AND RHAETIA

The border between the two provinces of Upper Germania and Rhaetia ran between the two forts of Lorch and Schirenhof/Schwaebisch Gmuend. The boundary line was parallel to the Rotenbach. At that point where the two border lines met, the Romans started to construct a stone wall – the Rhaetian Limes, which headed 170 kilometers east via Aalen and Regensburg on the Danube. They also erected an altar for the *fines*, the border gods.

## SUR LE FLANC OUEST DE LA VALLÉE DU ROTENBACH
## LA FRONTIÈRE ENTRE LA GERMANIE SUPÉRIEURE ET LA RHÉTIE

Entre les castels de Lorch et de Schirenhof/Schwäbisch Gmünd se trouvait la frontière entre les provinces de Germanie supérieure et de Rhétie. Elle longeait le Rotenbach sur son versant ouest et rejoignait le Limes. C'est à cet endroit où le Limes rhétique et celui de Germanie supérieure se rencontraient que commencèrent les travaux de fortification du Limes Rhétique dont le mur de 170 km menait vers l'est jusqu'au Danube à Regensburg en passant par Aalen et Rainau. C'est également à cet endroit que fut érigé un autel, dédié aux *fines*, les Dieux de la frontière.

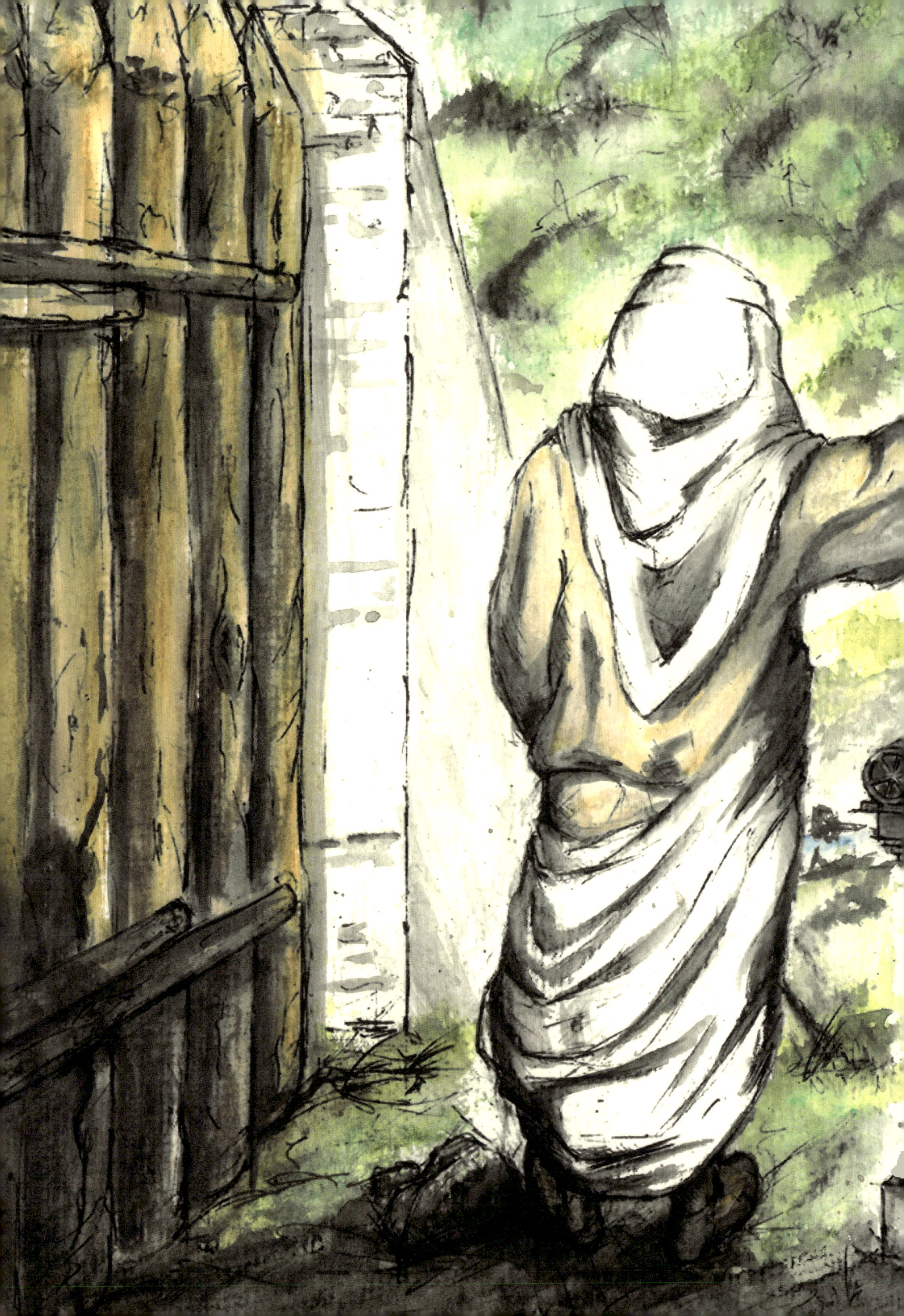

NIBVS·ET
NIO·LOCI
·I·O·M

# AM WESTHANG DES ROTENBACHTALS
# DIE GRENZE ZWISCHEN OBERGERMANIEN UND RAETIEN

Das Rotenbachtal bei Schwäbisch Gmünd gehörte zu den besonderen Plätzen am Rande des Römischen Reiches. Hier stieß eine Binnengrenze auf die Außengrenze Roms. Der Limes, die Außengrenze zwischen dem Römischen Reich und Germanien, querte hier fast rechtwinklig das Tal des Rotenbachs. Und parallel zum Rotenbach verlief am westlichen Talhang eine der vielen Binnengrenzen des Römischen Reiches: die Nahtstelle zwischen den Provinzen Obergermanien und Raetien. An dem Punkt, an dem die Binnengrenze auf die Außengrenze stieß, trafen folglich der obergermanische und raetische Limes aufeinander.

Wie gelangte man zu dieser Erkenntnis? Heinrich Steimle, seines Zeichens Major a. D., war als Streckenkommissar der Reichs-Limeskommission für diesen Limesabschnitt zuständig. Er fand im Zuge seiner Forschungen 1892 westlich des Rotenbaches das Ende der raetischen Mauer. Damit konnte er genau den Punkt bestimmen, an dem die Grenze zwischen den Provinzen Obergermanien und Raetien in nahezu rechtem Winkel an den Limes stieß. Hier, so glaubte man, trafen im 3. Jh. n. Chr. Graben, Wall und Palisade Obergermaniens auf die raetische Mauer. Drei Jahre später entdeckte Steimle unweit dieser Stelle das Fragment eines Altares, was analog zu Altarfunden am rheinland-pfälzischen Vinxtbach, der Grenze zwischen den Provinzen Ober- und Niedergermanien, das Ergebnis zu bestätigen schien. An den Forschungsresultaten von Steimle ist bis heute nicht zu rütteln.

Allerdings wurde im Zuge weiterer Untersuchungen festgestellt, dass auf obergermanischer Seite die zwei grabenartigen Rinnen oberhalb des Mauerendes nicht von Graben und Wall herrühren, sondern auf natürliche Erosionsprozesse, eventuell aber auch auf Hohlwege zurückgehen dürften. Graben und Wall wurden hier nicht angelegt. Es blieb bei einer Holzpalisade als Sperranlage. So gehen wir nun davon aus, dass im Rotenbachtal eine Palisade auf die Mauer traf. Diese übrigens überbrückte möglicherweise den schmalen Bach gewölbt. Es gibt eine Nachricht von 1886, die offenbar von Gewölbesteinen berichtet, die dort einmal gefunden worden sein sollen. Leider ist diese Mitteilung nicht mehr nachprüfbar.

### Der Altar vom Rotenbachtal

Überdies ließ ein Altar die besondere Bedeutung dieser Stelle am Limes erkennen. Leider ist uns nur der obere Teil des Steins bekannt. Über dem profilierten Gesims befinden sich vier Rosetten, unterhalb des Gesimses sind strahlenartig angeordnete Rillen zu sehen, entweder Teil des Dekors oberhalb der Inschrift oder Spuren vom Schleifen von Werkzeug. Hinsichtlich der Inschrift sind wir auf Vermutungen angewiesen. Und hier kommen die Altäre vom Vinxtbach – nördlich von Koblenz, links des Rheins gelegen – ins Spiel. Entlang des Vinxtbachs verlief die Grenze zwischen den Provinzen Oberger-

### Opfer an der Provinzgrenze von Obergermanien und Raetien

Am Altar, der am Zusammenstoß der Provinzgrenze mit dem Limes aufgestellt wurde und den *fines*, den Grenzgottheiten, geweiht war, hat sich der Kommandeur der Kohorte von Lorch eingefunden, um aus einem einfachen Trinkbecher ein Trankopfer darzubringen.

### A sacrificial offering at the provincial border

The Lorch cohort commander has come to make an offering of water and wine at the *fines* altar. He holds a simple cup in his hand.

### Une offrande à la frontière entre la Germanie supérieure et la Rhétie

Devant l'autel dédié aux *fines*, les Dieux de la frontière, situé sur le Limes à la limite des deux provinces, le commandant de la cohorte de Lorch est venu faire l'offrande d'une boisson dans un simple gobelet.

manien und Niedergermanien. Und bezeichnenderweise nahm fast genau gegenüber der Einmündung des Vinxtbaches in den Rhein am anderen Ufer der obergermanische Limes bei Rheinbrohl seinen Anfang. Schon der Name des Baches ist bezeichnend. Er leitet sich vom lateinische Wort *finis* = Grenze ab. Am Vinxtbach fanden sich bereits 1810 beim Brückenbau zwei Altäre, welche die Bedeutung des Taleinschnittes als Binnengrenze erkennen ließen. Ein Weihestein war von einem Soldaten der Legio VIII Augusta, einem *beneficiarius consularis*, in gewisser Weise ein Straßenpolizist, für *Iupiter Optimus Maximus*, dem *Genius Loci*, der speziellen Schutzgottheit des Ortes, und der *Iuno Regina* aufgestellt worden. Interessanter in unserem Zusammenhang ist aber der andere Stein: Zwei Soldaten der Legio XXX Ulpia Victrix weihten *Finibus et Genio Loci*

## PROVINZEN UND BINNENGRENZEN IM RÖMISCHEN REICH

Das Römische Reich war kein einheitliches homogenes Gebilde. Es gab beispielsweise unterschiedliche Sprachräume, Kulturen, Religionen und Provinzen. Rom, ursprünglich ein Stadtstaat, begann 396 v. Chr. mit der Einnahme der direkt nördlich gelegenen etruskischen Stadt Veji räumlich zu wachsen. Gut ein Jahrhundert später umfasste der römische Staat bereits den gesamten italischen Stiefel, der als Kernland des Reiches über einen Sonderstatus verfügte. Alle weiteren Gebietszuwächse im Laufe der kommenden Jahrhunderte rund um das Mittelmeer wurden als Provinzen, nichts anderes als Verwaltungseinheiten, eingerichtet. Die erste römische Provinz war Sizilien (241 v. Chr.), das im Zusammenhang mit dem 1. Punischen Krieg, der ersten großen Auseinandersetzung mit Karthago, an Rom fiel. Im 1. Jh. n. Chr. wurden dann spätestens unter Kaiser Claudius (41–54) die Provinz Raetien und unter Kaiser Domitian (81–96) die Provinz Obergermanien eingerichtet. Um die Mitte des 2. Jhs. gab es 40 Provinzen und somit viele Binnengrenzen. An der Spitze der Provinzen standen Statthalter, die den Kaiser und das römische Volk vertraten und in den Provinzhauptstädten residierten. Rechtliche Grundlage staatlichen Handelns in einer Provinz war die *lex provinciae*, das Provinzgesetz, das die räumliche Ausdehnung, Verwaltung, Besteuerung und Rechtsprechung provinzspezifisch regelte. Unter dem Kaiser Diokletian, römischer Kaiser von 284 bis 305 n. Chr., änderte sich am Ende des 3. Jhs. die Struktur der Provinzen grundlegend. Das Römische Reich war aber auch kein einheitlicher Wirtschaftsraum. Abgesehen vom italischen Kernland mit der Stadt Rom wurde das römische Territorium in vier Zollbezirke eingeteilt, deren Grenzen mit Provinzgrenzen identisch waren. Auf den Warenverkehr an den Grenzen des Römischen Reiches und der Zollbezirke wurden Zölle erhoben. Dafür war das Personal der Stationen an den Verkehrswegen zuständig, welche die Grenzen überquerten. Die Zölle stellten eine wichtige staatliche Einnahmequelle dar.

WP 22
Kastell Kleindeinbach

Anfang der raetischen Mauer

Rotenbach

WP 23

Pfahl

WP 24

**Altar für die Grenzgötter vom Vinxtbach bei Koblenz**

Unweit der Mündung vom Vinxtbach in den Rhein – der kleine Bach bildete die Grenze zwischen den Provinzen Ober- und Niedergermanien – wurde ein Altar gefunden, der den Grenzgöttern, den *fines*, geweiht war.

**An altar dedicated to the border gods at Vinxtbach**

For curiosity's sake: not far from the confluence of Vinxtbach brook and river Rhine, which marks the border between Upper and Lower Germania, archaeologists found an altar dedicated to the border gods *fines*.

**Autel dédié aux Dieux de la frontière près du cours d'eau du Vinxtbach**

Pas loin de l'endroit où le Vinxtbach, qui délimitait les provinces de Germanie inférieure et supérieure, se jette dans le Rhin, on trouva un autel dédié au *fines*, les Dieux des frontières.

*et Iovi Optimo Maximo*, also den Grenzgottheiten, dem Genius Loci und Iupiter Optimus Maximus, einen Altar. Er hat eine Höhe von 103 cm und wird heute kurioserweise in Brüssel (Musées royaux d'art et d'histoire) aufbewahrt.

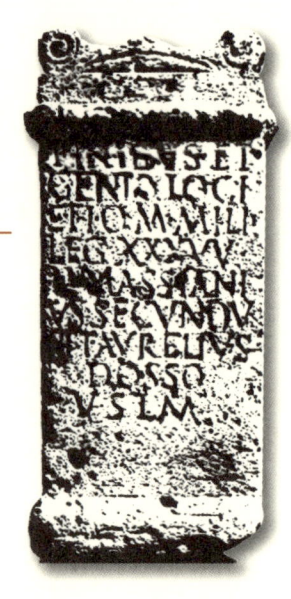

Es ist durchaus möglich, dass der Altar im Rotenbachtal den *fines*, den Grenzgottheiten, geweiht war. Vielleicht findet sich eines Tages noch die fehlende Partie des Steines.

### Die Kleinkastelle Kleindeinbach und Freimühle

Insgesamt bildet der gesamte Raum rund um das Rotenbachtal eine faszinierende römische Denkmallandschaft, zu der auch zwei Kastelle am Rande der Talhänge des Rotenbaches gehören: Das Kleinkastell Kleindeinbach dicht am Limes auf obergermanischer Seite und das größere Kleinkastell Freimühle auf raetischer Seite, das sogar über ein Badegebäude verfügte. Am Talausgang in Richtung Rems, 900 m vom Limes entfernt, schnitt die römische Straße, die von Bad Cannstatt nach Aalen führte, die Provinzgrenze. An dieser Stelle ist ein römischer Friedhof nachgewiesen worden, dort muss es eine kleine Siedlung gegeben haben. Vielleicht handelte es sich um eine Straßenstation, wahrscheinlicher ist aber ein Posten der Straßenpolizei, der Benefiziarier, die dort Zölle erhob. Die Grenze zwischen den Provinzen Obergermanien und Raetien war nämlich auch für lange Zeit eine wichtige Zollgrenze innerhalb des Römischen Reiches. Hier trafen der gallische und illyrische Zollbezirk aufeinander. Es ist gut möglich, dass sich dort um eine solche Einrichtung eine kleine zivile Siedlung entwickelte.

Fundamentreste zwischen dem Kleinkastell Freimühle und dem Remstal weiter östlich dürften von einem kleinen Lagerdorf *(vicus)* des Kastells stammen. Leider sind gerade in diesem siedlungstopographisch wichtigen Bereich der Einmündung des Rotenbachtals in das Remstal bereits viele Areale überbaut oder unwiederbringlich zerstört worden. Es ist zu hoffen, dass wir eines Tages doch noch mehr über diesen bedeutenden Ort am Limes erfahren. Er könnte über die administrativ-organisatorische Struktur der Randzone des Römischen Reiches noch wichtige Auskünfte geben.

### Literatur

Reichs-Limeskommission (Hg.), Der obergermanisch-raetische Limes des Roemerreiches, Abt. A Strecke 12 (Heinrich Steimle) 1935.

Tilmann Bechert, Die Provinzen des Römischen Reiches. Einführung und Überblick (Mainz am Rhein) 1999.

Hans Ulrich Nuber, Schwäbisch Gmünd (AA). In: Dieter Planck (Hg.), Die Römer in Baden-Württemberg (Stuttgart) 2005, 313–317.

Heino Schütte, Die Römer im Remstal. Das Weltkulturerbe in Schwäbisch Gmünd, Lorch, Böbingen und Mögglingen (Schwäbisch Gmünd) 2008.

Stephan Bender und Andreas Thiel, Der Götzenbach als Ende des Pfahlgrabens? Das südliche Ende des Obergermanischen Limes im Licht des Airborne Laserscanning. In: Peter Henrich (Hg.), Perspektiven der Limesforschung. 5. Kolloquium der Deutschen Limeskommission 19./20. Mai 2009 im Römisch-Germanischen Museum der Stadt Köln. Beiträge zum Welterbe Limes 5 (Stuttgart) 2010, 122–130.

## ATTILAS BURG AN DER REMS
## DER KASTELLPLATZ SCHWÄBISCH GMÜND SCHIRENHOF

**Andreas Thiel**

Gegenüber dem Rotenbachtal, mit einem guten Blick auf die Nahtstelle zwischen den Provinzen Obergermanien und Raetien, lag das rund 2 Hektar große Steinkastell sowie eine ausgedehnte zivile Siedlung von Schwäbisch Gmünd.
Etwas hangabwärts stand das Badegebäude der hier stationierten Kohorte. Die Häuser von Händlern und Handwerkern reihten sich entlang der nach Süden über den Albuch führenden Straße. Den Abschluss der Ansiedlung bildete ein Brandgräberfeld mit über 300 Bestattungen.

## ATTILA'S CASTLE ON THE REMS
## SCHIRENHOF FORT AT SCHWAEBISCH GMUEND

The Romans built Schirenhof fort opposite Rotenbach valley with a good view of the link between the two provinces of Upper Germania and Rhaetia. It was made of stone and covered an area of about 2 hectares. The fort touched a settlement which was near Schwaebisch Gmuend today.
Slightly downhill there was a bathing house for the soldiers of the cohort. Houses of the tradesmen and craftsmen were lined up the road south crossing the Albuch hills. A burial ground with more than 300 cremated bodies was at the outskirts.

## LE FORT D'ATTILA SUR LA REMS – LA PLACE
## FORTIFIÉE DE SCHWÄBISCH GMÜND SCHIRENHOF

En face de la vallée du Rotenbach, avec une vue dégagée sur la limite entre les provinces de Germanie supérieure et de Rhétie se trouvaient un fort en pierre d'environ 2 hectares ainsi qu'une cité en bordure de Schwäbisch Gmünd.
Un peu plus vers le bas se dressait le bâtiment de bains de la cohorte. Les maisons des commerçants et des artisans longeaient une route qui menait vers le sud par le sommet des collines. A l'extrémité de la cité se trouvait un champ funéraire avec plus de 300 tombes.

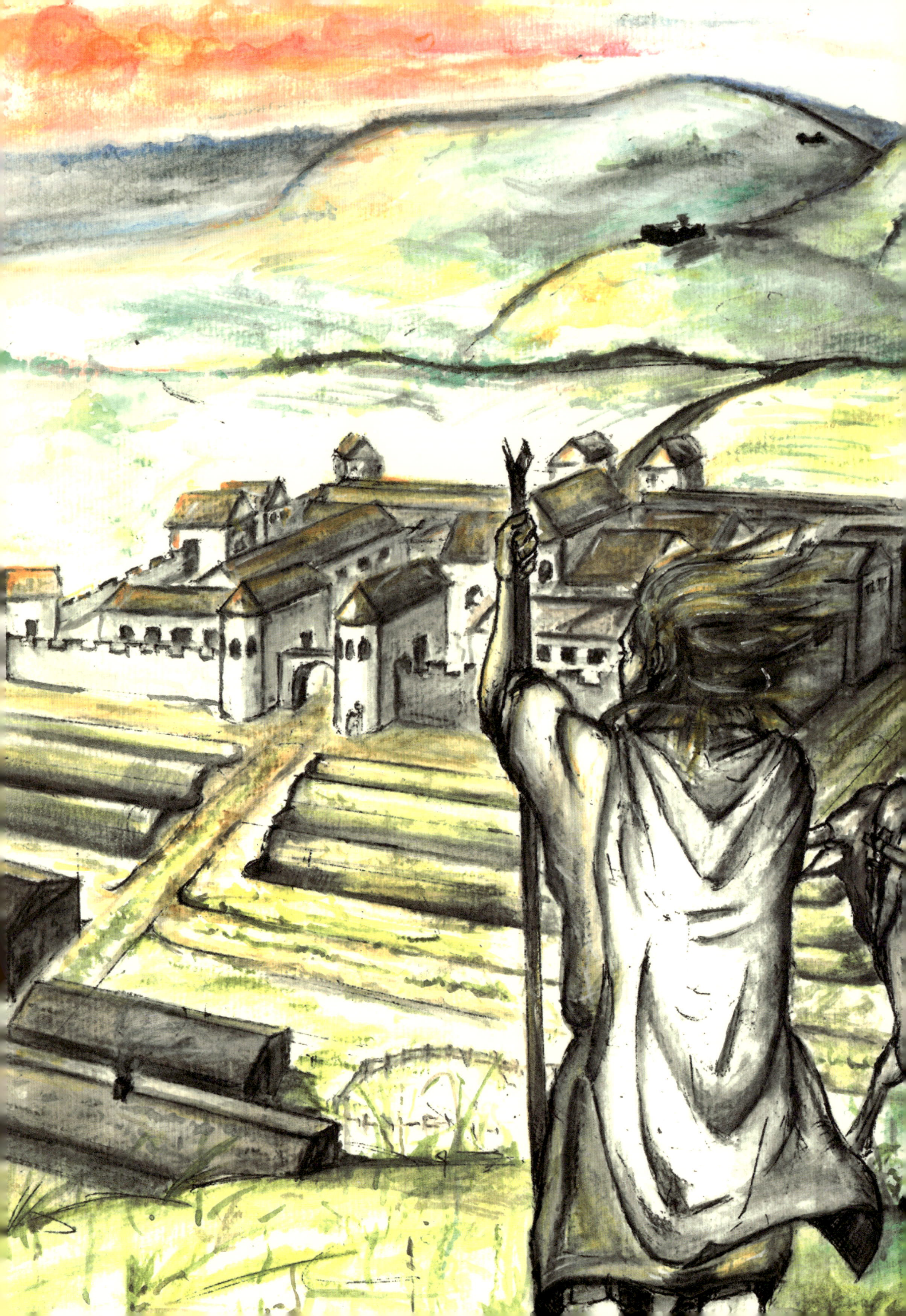

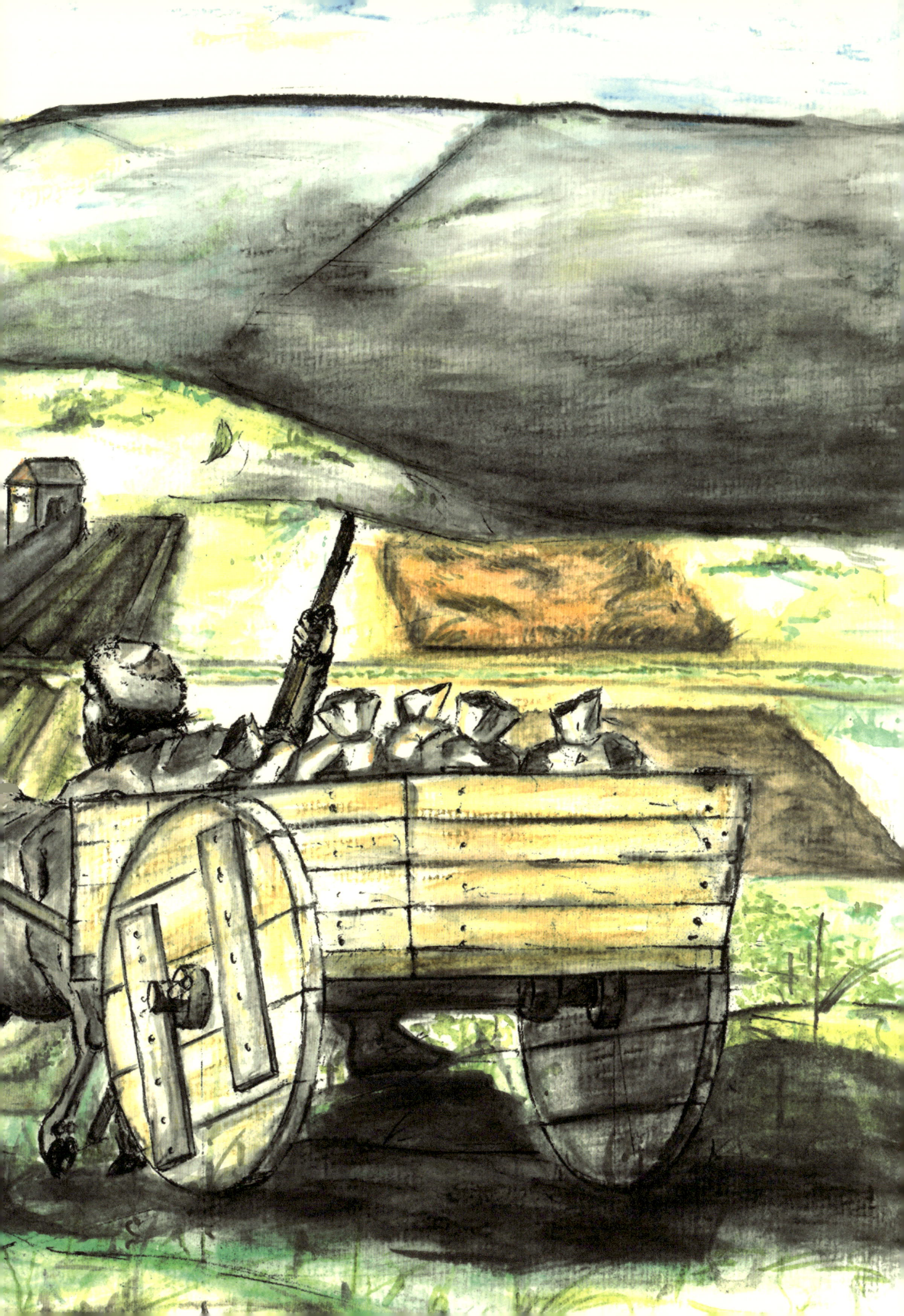

# ATTILAS BURG AN DER REMS
## DER KASTELLPLATZ SCHWÄBISCH GMÜND SCHIRENHOF

Entlang der Rems verlief die wichtige römische Fernstraße vom Mittleren Neckarland in das Nördlinger Ries. Ihr Verlauf im heutigen Stadtgebiet von Schwäbisch Gmünd steht nicht zweifelsfrei fest, doch dürfen wir davon ausgehen, dass es irgendwo westlich der Altstadt einen Flussübergang gegeben haben muss, um vom Rotenbachtal an den Kastellplatz auf dem Schirenhof zu gelangen. Die zwei Hektar große Wehranlage auf dem Rücken des Ramnest war das erste Kastell der Provinz Raetien, das aus Obergermanien kommende Reisende erreichten. Vielleicht nicht nur zufällig war hier ab 150/160 n. Chr. die *Cohors I Raetorum* stationiert, die »erste Kohorte der Raeter«.

### Ein bequemer Steinbruch

Das Kastell auf einer nach Norden zum Remstal hin vorspringenden Geländezunge wird zu beiden Seiten von schmalen Bachläufen begleitet. In römischer Zeit hatte man eine vorzügliche Sicht auf den Limes an der gegenüberliegenden Talseite, sowie auf die das Tal entlang ziehende Fernstraße. Besucht man heute den Schirenhof, so findet man den allergrößten Teil des Kastells für das bloße Auge unsichtbar in einem Wiesen- und Obstbaumareal. Spuren der Kastellumwehrung sind allenfalls aus der Luft und das nur bei günstigen Bedingungen sichtbar. Selbst von der massiven, ursprünglich rund 1,20 m breiten Kastellmauer waren bei den jüngeren Ausgrabungen lediglich noch die untersten Fundamentlagen erhalten. Wir dürfen annehmen, dass ein Großteil des römischen Mauerwerks seit der Stauferzeit systematisch abgetragen wurde, um in der alten Reichsstadt Gmünd als billiges Baumaterial neu verwendet zu werden. Wie der Streckenkommissar der Reichs-Limeskommission Heinrich Steimle im 1897 erschienenen Limeswerk berichtet, wurden aber noch zu seiner Zeit »vom Besitzer des Gutes, …, weitgehende Ausgrabungen vorgenommen und die Steine zu Wegverbesserungen und zum Bau der Nebengebäude des Hofgutes verwendet.«

Von der Außenbefestigung untersuchte Major Steimle hauptsächlich Teile der Umfassungsmauer sowie das rechte und das rückwärtige Lagertor. Nach seinen Ergebnissen besaß das Kastell drei Wehrgräben. Die Tore an allen vier Seiten dürften zweispurige Zufahrten besessen haben. Interessanterweise flankierten das rückwärtige Tor, die *porta decumana*, keine der sonst üblichen rechteckigen Tortürme, sondern dieses Doppeltor war hier von den eher selten zu beobachtenden halbrund vorspringenden Türmen geschützt. Diese architektonische Besonderheit war möglicherweise schon von der Bauweise des großen Regensburger Legionslagers beeinflusst, das 179 n. Chr. fertig gestellt worden war. Der Kommandeur der Regensburger Legion, der *legatus legionis*, war oberster Militärbefehlshaber über alle Truppen in der Provinz Raetien. Im Ostalbkreis kennen wir keine vergleichbaren Toranlagen, auch das etwa doppelt so große Reiterkastell in Aalen hatte einfache Rechtecktürme.

**Blick von der römischen Ansiedlung auf die Provinzgrenze**

Die von der Donau über die Alb an den Limes führende Fernstraße erreichte den Kastellplatz am Schirenhof aus südöstlicher Richtung von Straßdorf kommend. Von der Höhe bot sich Reisenden in das Remstal so das Panorama der Talweite mit dem Kastell, der zivilen Siedlung und dem Limesverlauf im Hintergrund.

**A view of the province border**

You reached Schirenhof fort on the major road which connected the Danube area with the Limes, coming downhill south east from the village of Straßdorf. From the Straßdorf heights the traveller had a breath-taking panoramic view of the beautiful Rems valley and the Roman fort, the settlement and the Limes line in the background.

**Vue de la cité Romaine sur la frontière de la province**

La voie qui reliait le Danube au Limes en passant par le massif de la Alb arrivait du sud-est par Straßdorf avant rejoigeait la place fortifiée de Schirenhof. Sur les hauteurs, le voyageur qui se dirigeait vers la Rems découvrait donc toute la vallée avec en premier plan le castel, la cité et en toile de fond le cheminement du Limes.

WP 22 Kastell Kleindeinbach — Rotenbach — WP 23 — WP 24 — WP 25 — Wald Nepper

Trotz unserer unvollständigen Kenntnisse über die Geschichte des Militärplatzes sind viele ältere Angaben über die antike Ansiedlung in das Reich der Phantasie zu verweisen. Darunter fällt auch jenes Detail, das uns der Gmünder Ratsherr Friedrich Vogt in seiner Chronik aus dem 17. Jh. gibt. Er berichtet, dass am Schirenhof früher ein Schloss gestanden habe, »wovon genugsame Anzeige der Graben so daselbst herumgewesen, inzwischen aber ist nunmehr alles zerstört und ausgereutet, auch das Steinwerk sogar aus dem Grunde ausgebrochen und herausgethan worden. Wie man in alten Schriften findet, hat man dies Burg die Etzelburg geheissen.« Eine Verbindung zwischen dem Zug der Hunnen unter ihrem König Attila (oder »Etzel«) in der Mitte des 4. Jhs. und dem römischen Limeskastell ist nach heutigem Forschungsstand reichlich unwahrscheinlich, doch der Bericht Vogts gibt uns einen konkreten Hinweis auf das Schicksal des Kastells im Mittelalter.

## REDUKTIONSPHASEN

Sowohl in Obergermanien als auch in Raetien stellen wir fest, wie Kastellbäder in einer letzten Bauphase reduziert wurden. Neben dem Schirenhof ist dies im Ostalbkreis auch bei den Ausgrabungen in Rainau-Buch festgestellt worden. Ebenfalls weit verbreitet waren offenbar derartige Verkleinerungen auch bei den Kastellen. Das bekannteste Beispiel hierfür ist das »Binnenkastell« von Eining/*Abusina* am Ende des raetischen Limes an der Donau, das um das Jahr 300 n. Chr. angelegt wurde. Dort, wo solche Maßnahmen am Limes durch neuere Untersuchungen zu datieren sind, können wir sie jedoch bereits vor der Mitte des 3. Jhs. fassen. So gehören beispielsweise Verkleinerung und Rückbau des Bades in Schwäbisch Gmünd in die Jahre nach 233 n. Chr.

Hintergründe dieser Reduktionsphasen waren nicht immer nur der Abzug der am Ort stationierten Soldaten. Offenbar erholten sich große Teile des Limes nach den schweren germanischen Einfällen dieser Zeit auch wirtschaftlich nicht mehr. Der Wiederaufbau war häufig wenig sorgfältig ausgeführt und wohl auch unvollständig. Viele Zivilsiedlungen im Hinterland scheinen sich von den erlittenen Zerstörungen gar nicht mehr erholt zu haben. Damit fehlte auch für Baumaßnahmen an den Kastellen die notwendige Infrastruktur. Baustoffe waren entweder knapp oder teuer, wie die häufige Verwendung von gebrauchtem oder minderwertigem Material bezeugt. Statt der speziell angefertigten Ziegel der Hypokaust-Heizungen fanden so beispielsweise Steinpfeiler Verwendung, die den Belastungen der hohen Temperaturen oftmals nicht gewachsen waren. In den baulichen Verkleinerungen speziell der Bäder spiegeln sich aber auch andere Vorgänge wieder. Ein jahrzehntelanger Raubbau an den Wäldern führte vielerorts offenbar zu einer dramatischen Verknappung von Holz, das sowohl für den Hausbau, für das Befeuern der Heizanlagen als auch für den Brand von Ziegeln und Keramik benötigt wurde.

WP 26 Salvator  Taubental  WP 27  WP 28 Becherlehental

### Jupiterstatuette
Unter dem römischen Fundmaterial vom Schirenhof ist besonders diese kleine Bronzestatuette des Jupiters aus dem 2. Jh. n. Chr. zu erwähnen. Auch ohne sein Zepter, das er einst in der linken Hand führte, erkennt man noch den Herrschaftsanspruch, den der oberste Staatsgott Roms einst symbolisierte.

### Jupiter Statuette
This bronze statuette of Jove, the Roman supreme god (second century A.D.), is one of the most important archaeological findings. Even without his wielding the sceptre in his left hand, you can easily recognize his divine claim to world dominance which he symbolized to his worshippers.

### Statuette de Jupiter
Parmi les vestiges trouvés au Schirenhof, on remarque particulièrement une petite statuette en bronze du 2ème siècle représentant Jupiter. Même sans son sceptre qu'il brandissait à l'origine dans sa main gauche, on ressent l'autorité que symbolisait à l'époque le premier Dieu de Rome.

### Die zivile Siedlung

Das einzige für den Besucher sichtbare Zeugnis römischer Architektur liegt etwa 100 m vom Kastell entfernt an der westlichen Hangkante. Es handelt sich um das in seinen Fundamenten konservierte Badegebäude der Raeterkohorte. Bereits 1893 untersuchte die Reichs-Limeskommission die Ruine, allerdings wurden ihre Untersuchungen »durch die gewaltigen Schuttmassen mehrmals stark behindert«. »Nach Vollendung der Grabungen brach der Schirrenhofbauer das Badegebäude des Steinmaterials wegen ab.« Glücklicherweise blieb trotz dieses Denkmalfrevels genug an Bausubstanz erhalten, so dass das Bad 1972/73 mit großem Gewinn für die Limesforschung erneut untersucht und freigelegt werden konnte. Hierbei zeigte sich deutlich, dass die Badeanlagen in der späten Limeszeit stark verkleinert wurden. Die Archäologen sprechen dabei von sogenannten »Reduktionsphasen«.

Sowohl zur Niederung der Rems als auch entlang der nach Südosten führenden Ausfallstraße sind die Reste ziviler Bauten eines ausgedehnten Kastellvicus bekannt geworden. In den Hanglagen sind viele Bereiche über die Jahrhunderte hinweg durch die Erosion abgetragen worden, seit den 1960er Jahren führte dann die Überbauung mit modernen Wohnvierteln zu weiteren Verlusten. Es lässt sich jedoch nachweisen, dass der nach Straßdorf und weiter auf die Schwäbische Alb führende Straßenzug auf einer Länge von über einhundert Metern zu beiden Seiten von sogenannten Streifenhäusern gesäumt war, in denen Händler, Handwerker und die Familien der Soldaten gelebt haben. Fußbodenheizungen und Steinmauern bei einem Teil der Bauten weisen auf Wohnkomfort hin, wie wir ihn aus vergleichbaren Plätzen der Limeszeit kennen. Den Abschluss des Kastelldorfes im Süden bildete ein Friedhof von dem über dreihundert Brandgräber ausgegraben werden konnten. Ursprünglich dürften es mehr als doppelt so viele gewesen sein. Zudem bestanden sicherlich entlang der Remstalstraße weitere Friedhöfe. Leider ohne die zugehörige Inschrift hat sich ein Grabrelief aus Stubensandstein erhalten, das einen verstorbenen Soldaten zeigt. Der Verblichene wird auf einem Speisesofa ruhend während eines sogenannten »Totenmahls« gezeigt, bei dem vor ihm auf einem Tisch Schalen mit Leckereien stehen und ihm ein Diener einen Becher mit Wein reicht. Derartige Selbstdarstellungen sollten insbesondere der Nachwelt den Lebensstandard des Verstorbenen übermitteln.

### Literatur

Christiane Herb, Die Römer in Schwäbisch Gmünd. Ein forschungsgeschichtlicher Überblick. In: Gabriele Seitz (Hg.): Im Dienste Roms. Festschrift für Hans Ulrich Nuber (Remshalden) 2006, 129–132.

Hans Ulrich Nuber, Schwäbisch Gmünd. In: Dieter Planck (Hg.): Die Römer in Baden-Württemberg. Römerstätten und Museen von Aalen bis Zwiefalten (Stuttgart) 2005.

Heinrich Steimle, Das Kastell Schirenhof. In: Ernst Fabricius, Felix Hettner, Oscar von Sarwey (Hg.): Der obergermanisch-raetische Limes des Roemerreiches. Band B 64, 1897.

# EIN AUFWÄNDIGER UMWEG
## DER LIMES IN DER REMSNIEDERUNG BEI IGGINGEN

**Andreas Thiel**

Mit einer Ausnahme verläuft der westliche Teil der raetischen Mauer überall auf dem Höhenrücken nördlich der Rems. Diese Ausnahme findet sich zwischen den Kastellen Schwäbisch Gmünd Schirenhof und Böbingen, wo der Limes im Bereich der Gemeinde Iggingen über 60 Meter tief in die Remsaue hinabzieht, kurz den Flusslauf berührt, um nach etwa 1,5 Kilometer wieder den Talrand zu ersteigen. Die Gründe hierfür kennen wir nicht.

## AN EXTRAVAGANT DETOUR
## THE LIMES IN THE REMS FLATS NEAR IGGINGEN

There is one exception in the course of the western part of the Rhaetian Limes Wall: it follows the hilly north bank everywhere, but the two forts of Schirenhof Schwaebisch Gmuend and Boebingen near the village of today's Iggingen all of a sudden Limes leaves the height in order to descend down into the Rems flats which measures well over 60 meters. It touches the river for a moment, before climbing uphill again after 1.5 kilometres. We do not know the reasons why Roman engineers did so.

## UN GRAND DÉTOUR
## LE LIMES DANS LA VALLÉE DE LA REMS PRÈS D'IGGINGEN

Mis à part une exception, la partie ouest du mur de Rhétie chevauche les hauteurs au nord de la Rems. Cette exception est située entre les forts de Schwäbisch Gmünd Schirenhof et de Böbingen où le Limes descend de 60 m vers les prairies basses de la Rems, et longe le cours d'eau sur seulement 1,5 km avant de remonter le flanc de la vallée. La raison en est jusqu'ici inconnue.

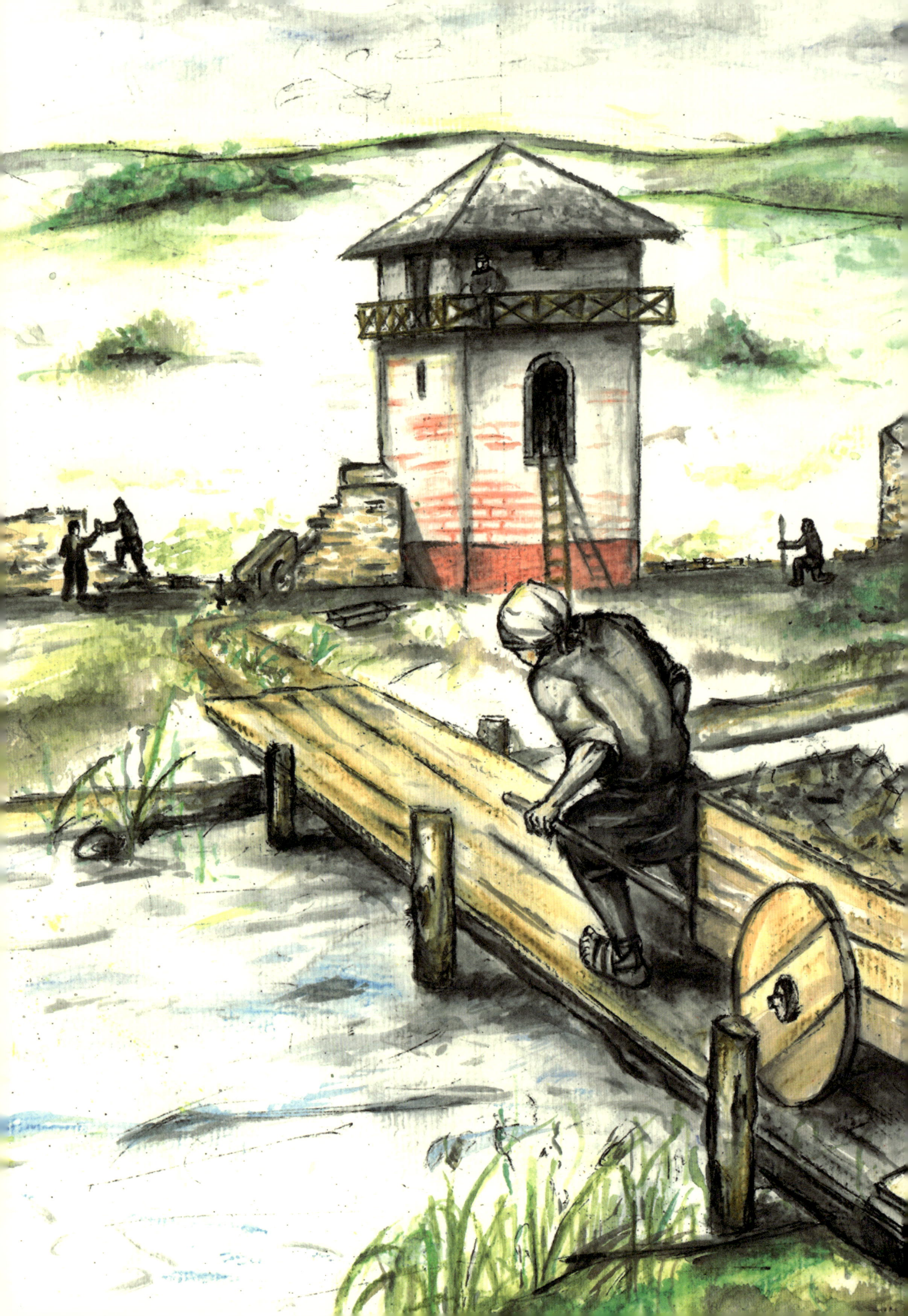

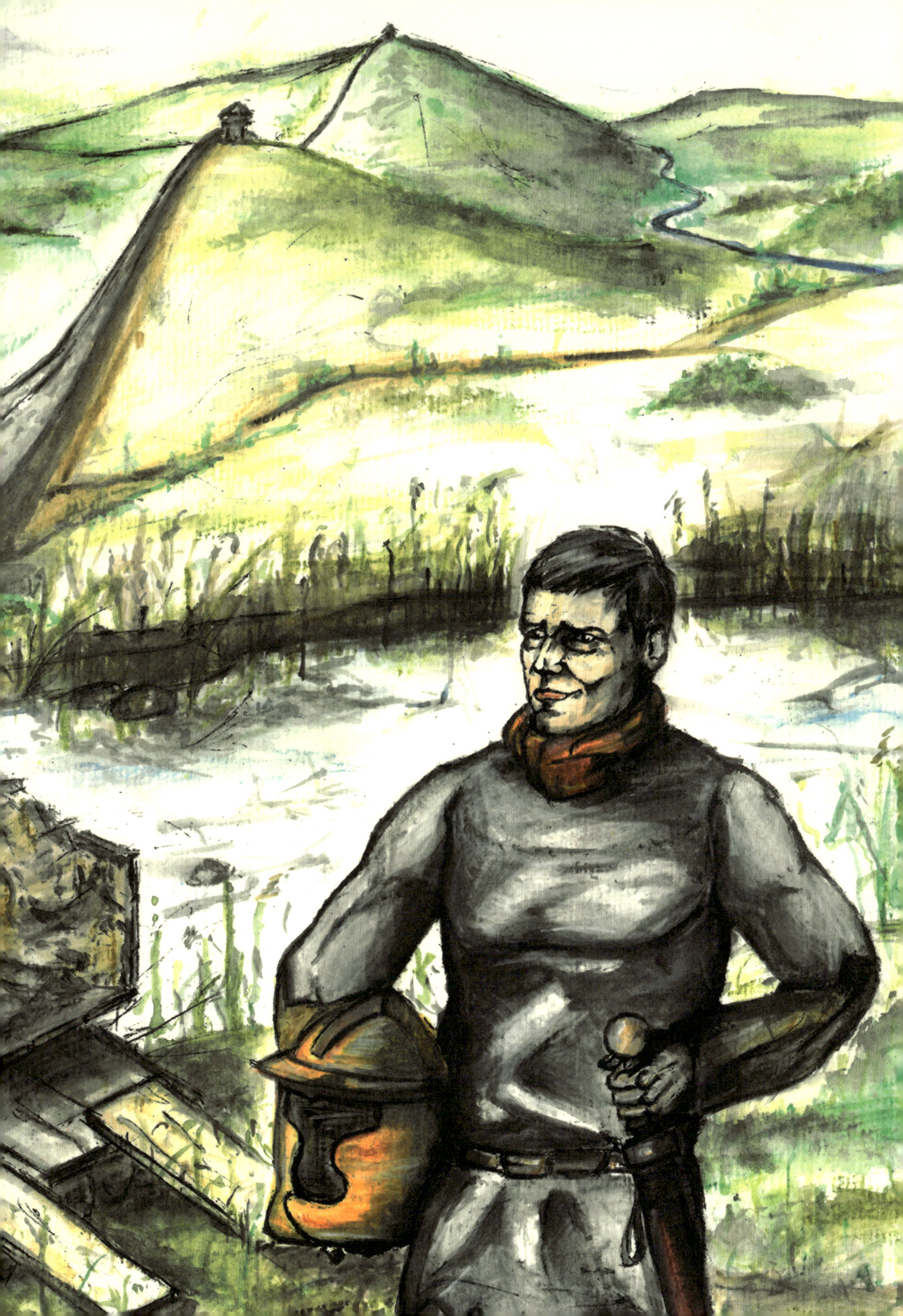

# EIN AUFWÄNDIGER UMWEG
# DER LIMES IN DER REMSNIEDERUNG BEI IGGINGEN

Zweihundert Jahre wissenschaftliche Forschungen am Limes, das systematische Erfassen aller erhaltenen Bestandteile durch die Reichs-Limeskommission und nicht zuletzt die Möglichkeiten der modernen Naturwissenschaft haben viele Fragen zur römischen Grenze beantwortet. Doch bis heute bleiben auch Rätsel. Ein Beispiel hierfür ist der Verlauf der Grenzsperren. Natürlich kennen wir die historisch-politischen Gründe für den Bau des Limes oder meinen zumindest, sie verlässlich erschließen zu können. Ein Forschungsproblem ist daher auch weniger der Grenzverlauf im Großen, der strategischen Bedürfnissen folgte, etwa bei der Sicherung des fruchtbaren Mittleren Neckarlandes oder des Nördlinger Rieses als Nachschubbasen. Offene Fragen ergeben sich vielmehr im Kleinen, dort wo die Trassierung des Limes eher willkürlich erscheint, und uns befriedigende Erklärungen für Auffälligkeiten nur schwer einfallen wollen. Einer dieser rätselhaften Limesverläufe befindet sich südlich von Iggingen.

Mit seinem westlichen Abschnitt führt der raetische Limes zwischen der Provinzgrenze bei Schwäbisch Gmünd und dem Kolbenberg 5 km westlich von Aalen stets auf dem Höhenrücken des nördlichen Talrandes der Rems entlang. Die Rems war hier gewissermaßen Grenzfluss, an deren Verlauf sich die ersten 20 km der raetischen Grenzlinie orientierten. In der Talniederung unmittelbar am Fluss hätten Wachttürme wenig Sinn gemacht, da keinerlei Ausblick nach Norden möglich gewesen wäre. Daher wählten die Römer für den Bau der Sperranlagen die Randhöhen nördlich der Rems. Die Höhenlage gestattete es weitgehend, das Vorfeld der Grenze in Richtung Norden zu kontrollieren und gleichzeitig auch die wichtige Fernstraße im Blick zu behalten, die entlang der Rems vom Mittleren Neckarland ins Nördlinger Ries bzw. weiter nach Regensburg verlief. Obwohl im Ostalbkreis nur wenige archäologische Zeugnisse von dieser »Limesstraße« vorliegen, dürfen wir doch sicher zu Recht annehmen, dass über sie der gesamte Verkehr zwischen den Grenzkastellen abgewickelt wurde.

An einer Stelle verlässt jedoch die »Teufelsmauer« die Randhöhe nördlich der Rems: Zwischen den Kastellen Schwäbisch Gmünd Schirenhof und Böbingen führt sie im Bereich der Gemeinde Iggingen (Streckenabschnitt Wachtposten WP 12/37 bis Wachtposten WP 12/41) von rund 430 m Höhe über 60 m tief in die Remsaue hinab, berührt kurz den Flusslauf, nur um nach etwa 1,5 km wieder den Talrand zu ersteigen. Da die Streckenführung die zu Erdrutschen neigenden Talhänge in einem flachen Winkel überwindet, war der Mauerzug nicht nur mühseliger als in der Ebene zu errichten, sondern auch ständig gefährdet. Es stellt sich die Frage nach dem Grund für diese einzigartige Abweichung von der üblichen Streckenführung. Ohne den Richtungswechsel und den Abstieg ins Tal hätten sich die antiken Baumeister Hochwassergefahr am Flusslauf und vor allem das Überwinden der steilen Talhänge erspart. Auch ein Überblick über das nördliche Vorfeld des Limes

**Der Limes in der Remsniederung bei Iggingen**

Möglicherweise stoppte der Bau der raetischen Mauer ursprünglich an der Rems. Während östlich in Richtung Aalen der jüngste Ausbau der römischen Grenzsperren in Form der später so genannten «Teufelsmauer» schon fertiggestellt war, bestand weiter westlich noch der hölzerne Palisadenzug fort. Erst nach einiger Zeit schloss man die verbliebene Lücke.

**The Limes in the Rems flats near Iggingen**

Perhaps construction works of the Rhaetian wall were interrupted, while further east the famous «devil's wall» had been finished and further west the wooden palisades continued to exist. Only after some time the Romans closed the hole without correcting the detour.

**Le Limes dans la vallée de la Rems près d'Iggingen**

Il est probable qu'à l'origine le mur de Rhétie s'arrêtait à la Rems. Alors qu'à l'est en direction d'Aalen les nouvelles fortifications de la frontière que l'on dénomma plus tard le «mur du diable» étaient en pierre, on en était encore à l'ouest à la palissade de bois. Ce n'est que plus tard qu'on acheva la partie manquante.

war von den im Tal gelegenen Wachttürmen an diesem Streckenabschnitt natürlich nicht möglich.

Erklärungsversuche für den Umweg durch den Talgrund bei Iggingen bleiben allesamt eher unbefriedigend. Weder ist die gewählte Streckenführung kürzer als ein Verlauf, der weiterhin dem Talrand gefolgt wäre, noch bringt der Abstieg ins Tal erkennbare Vorteile für die Zugänglichkeit bzw. Versorgung der Türme. Die einzige Auffälligkeit dieser Stelle liegt darin, dass die »Teufelsmauer« ab ihrem Wiederaufstieg auf den »Roten Sturz« östlich der Rems nicht mehr durch die bröckeligen Tongesteine des Keuper, sondern durch den Süddeutschen Jura verläuft, dessen Gesteinsausbildungen sich als Baumaterial der Mauer und Türme des Limes weit besser eigneten.

## ORGANISATION DER GRENZVERTEIDIGUNG

Anhand der wenigen schriftlichen Zeugnisse, die wir aus der Limeszeit besitzen, zeichnet sich ab, dass die Kommandanten einzelner Kastelle jeweils auch den Oberbefehl über einen bestimmten Grenzabschnitt innehatten. Dies bedingt gleichzeitig, dass dem Befehlshaber eines solchen Truppenverbandes Freiheit gegeben war, seinen Grenzabschnitt nach seinen Vorstellungen zu organisieren. Fraglich ist jedoch, ob diese Eigenständigkeit soweit ging, dass auch unterschiedliche Bauformen entlang des Limes oder markante Eckpunkte der Grenzlinie, wie etwa der Limesknick bei Lorch oder der Abstieg des Limes an die Rems bei Iggingen, Grenzen einzelner Kommandobezirke widerspiegeln. Planung und Errichtung der Türme und später der Steinmauer am raetischen Limes dürften von Vermessern, Architekten und Handwerkern der Legion durchgeführt worden sein. Nach Abschluss der Bauarbeiten standen Legionstruppen selbst jedoch gar nicht mehr am Limes und waren auch nicht den Kommandanten der Limeskastelle unterstellt. Der tägliche Grenzdienst lag in den Händen der Kohorten und Numerus-Verbände, Hilfstruppen *(auxilia)*, wie sie aus allen Kastellen im Ostalbkreis nachzuweisen sind. Lediglich die tausend hoch bezahlten und gut ausgerüsteten Reiter der Ala aus Aalen dürften nicht auf Wachttürmen positioniert gewesen sein. Sie standen eher für taktische Aufgaben wie Fernaufklärung oder auch Vergeltungszüge in das Limesvorland in Bereitschaft.

Insgesamt sind daher dem Versuch, entlang des Limes einzelne Kommandobezirke mit archäologischen Mitteln aufzuspüren, enge Grenzen gesetzt. Dennoch hat beispielsweise die Theorie sehr viel für sich, demzufolge ein Kastell nicht im Zentrum seines zugewiesenen Limesabschnitts lag, sondern an einem seiner Anfangs- bzw. Endpunkte. Auf diese Weise befanden sich an den Nahtstellen zweier Grenzabschnitte stets befestigte Garnisonen der Grenztruppen.

### Eine Inschrift nennt den Raetischen Limes

Nur 24 cm groß ist das Fragment einer Bauinschrift(?) aus Liassandstein vom Kastell Schirenhof in Schwäbisch Gmünd. Am Ende der oberen Zeile sind noch die drei Buchstaben »LIM...« und darunter »RAET...« zu erkennen. Der Text dürfte sich auf eine der am »Raetischen Limes« stationierten Militäreinheiten beziehen.

### An inscription reveals the name: Rhaetian Limes

A fragment of (probably?) a construction inscription has the size of only 24 centimeters. It is carved into red sandstone and was found in Schirenhof fort near Schwaebisch Gmuend. At the end of the upper line you can easily identify the three letters »LIM...« and »RAET...« below them. Very probably the text is related to a military unit stationed at the Rhaetian Limes.

### Le Limes rhétique gravé dans la pierre

Ce fragment d'une pierre gravée en grès trouvé dans le castel Schirenhof de Schwäbisch Gmünd ne fait que 24 cm. A la fin de la ligne supérieure on reconnaît les trois lettres «LIM...» et en dessous «RAET...». Le texte concerne certainement une garnison stationnée sur le Limes rhétique.

## Unterschiedliche Bauabschnitte der raetischen Mauer

An dieser Stelle soll nicht auf die angeführten baulichen Unterschiede der römischen Grenzanlagen östlich bzw. westlich von Iggingen eingegangen werden. Auch ohne Detailuntersuchungen stellt sich allein mit Blick auf die Karte der »unnötige« Limesabstieg ins Remstal bei Iggingen als eine Art »Nahtstelle« des römischen Grenzverlaufs im Ostalbkreis dar. Möglicherweise fassen wir hier zwei unterschiedlich alte Bauabschnitte der »Teufelsmauer«. Vorstellbar wäre, dass die Umwandlung der »hölzernen« in eine »steinerne« Grenze an dieser Stelle pausierte. Die über viele Jahrzehnte lediglich mit einer Palisade befestigte Grenzlinie in Raetien wurde anfangs des 3. Jhs. in Stein ausgebaut. Hierfür verwendeten die römischen Baumeister lokal anstehendes Baumaterial, das z. T. nur wenige Meter abseits des Mauerverlaufs gebrochen wurde. An vielen Orten insbesondere am bayerischen Abschnitt des raetischen Limes sind oberflächliche Schürfgruben in Begleitung des Mauerverlaufs bis heute sichtbar. Bislang kennen wir keinen Mauerabschnitt, für den Steine über eine größere Entfernung herantransportiert worden wären. Für den Mauerbau nur bedingt geeignete Steine wie die des Keupers stellten daher ein nicht zu unterschätzendes technisches und logistisches Problem dar. Vor diesem Hintergrund ist vorstellbar, dass der Mauerbau zunächst dort begann, wo auf den Stufen des Süddeutschen Jura geeigneter Kalkstein zur Verfügung stand. Von Osten aus Richtung Aalen kommend ist dies nur bis Iggingen der Fall. Die antiken Steinmetze und Maurer ließen die »Teufelsmauer« daher zunächst an der Rems enden. Je nach Blickwinkel bildete also Iggingen für einige Zeit den Anfang oder das Ende der raetischen Mauer. Vielleicht prüfte man den Aufwand, um besseres Steinmaterial heranzutransportieren, oder überlegte, am Grenzabschnitt zwischen Iggingen und Lorch ganz auf den Bau einer Mauer zu verzichten. Wie wir wissen, ist diese Lücke in einer zweiten Ausbauphase doch noch durch eine Mauer (aus dem weichen Sandstein des Keupers) geschlossen worden. Wann dies geschah, also wie lange das westliche Ende der »Teufelsmauer« bei Iggingen lag, wissen wir leider nicht.

### Literatur

Reichs-Limeskommission (Hg.), Der obergermanisch-raetische Limes des Roemerreiches, Abt. A Strecke 12 (Der raetische Limes von Haghof bei Welzheim bis zur württembergisch-bayerischen Grenze) 1935.
C. Sebastian Sommer und Hermann Kerscher, Wo gibt's den besten Stein? Baustellen am Limes und die Höhe der Raetischen Mauer. Das Archäologische Jahr in Bayern, 2008, 85.

## RAST IM REMSTAL
# DAS KASTELL UND DIE STRASSENSTATION IN BÖBINGEN

**Martin Kemkes**

Auf einem ursprünglichen Geländesporn, etwa 30 Meter über dem Remstal, liegt das römische Kohortenkastell. Von hier aus konnte der Limes auf der nördlichen Talseite auf etwa 15 Kilometer Länge eingesehen werden, so dass eine Sichtverbindung zu etwa 20 Wachttürmen bestand. Die römische Zivilsiedlung *(vicus)* erstreckte sich entlang einer südlich um das Kastell herumführenden Umgehungsstraße. Die Bebauung bestand in der Regel aus Streifenhäusern, die mit ihren überdachten Läden zur Straße hin ausgerichtet waren.

Vor dem Osttor des Kastells lag eine große Raststation *(mansio)*. Die einzelnen Gebäudeteile dienten als Unterkünfte, Baderäume und Ställe. Der große Komplex unterstreicht die Bedeutung der Remstalstraße als Teil der Fernverbindung vom Rhein an die Donau.

## A REST AT THE REMS VALLEY
## BÖBINGEN FORT AND TRAVELLERS' STOP-OVER

The Roman cohort fort of Böbingen is situated south of the Rems river about 30 meters high on a former sort of promontory. You had a wonderful overall view of the northern stretch of Limes of 15 kilometers. This view connected 20 watchtowers. The Roman *vicus* (village) was built along the bypass road south of the fort. There was a large service area *(mansio)* in front of the eastern gate. The individual buildings served accommodation, bathing and stable purposes. This large complex underlines the importance of the Rems Valley Road connecting the Rhine and Danube river areas.

## UNE HALTE DANS LA VALLÉE DE LA REMS
## LE CASTEL ET LE RELAIS ROUTIER À BÖBINGEN

Sur un surplomb naturel, dominant la vallée de la Rems d'environ 30 m, se trouve le castel de la cohorte. De cet endroit, on pouvait observer le Limes sur le flanc nord jusqu' à environ 15 km et avoir vue sur une vingtaine de tours de garde. Le « vicus » romain s'étendait le long d'une route de déviation qui longeait le côté sud du castel. Les bâtiments étaient en général des maisons alignées dont les entrées recouvertes étaient côté rue. Environ 80 m avant la porte « est » du castel se trouvait un grand relais routier *(mansio)*. Les bâtiments comprenaient des dortoirs, des bains et des écuries. Ce grand complexe montre bien l'importance de la vallée de la Rems dans le cadre de la voie principale qui reliait le Rhin au Danube.

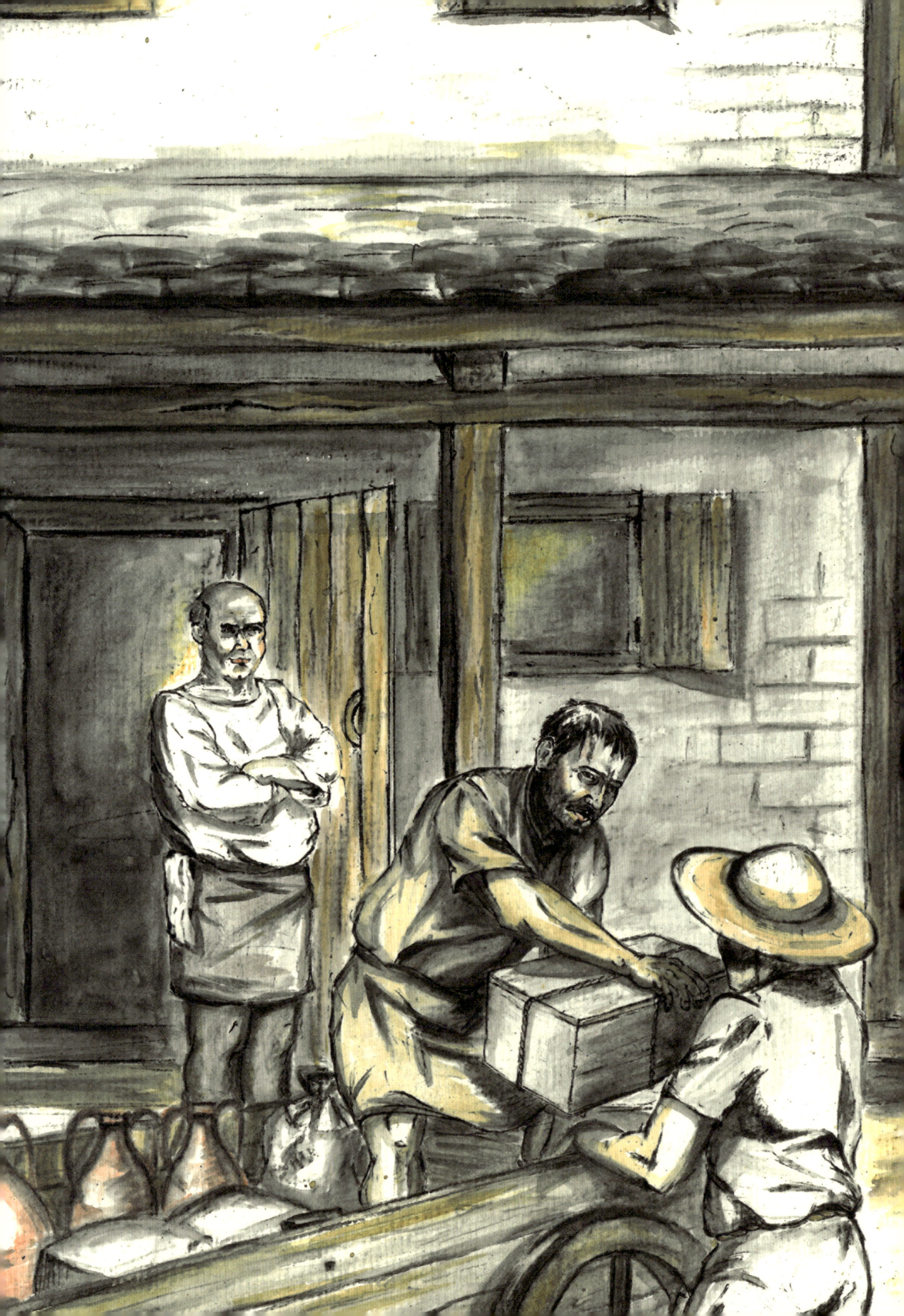

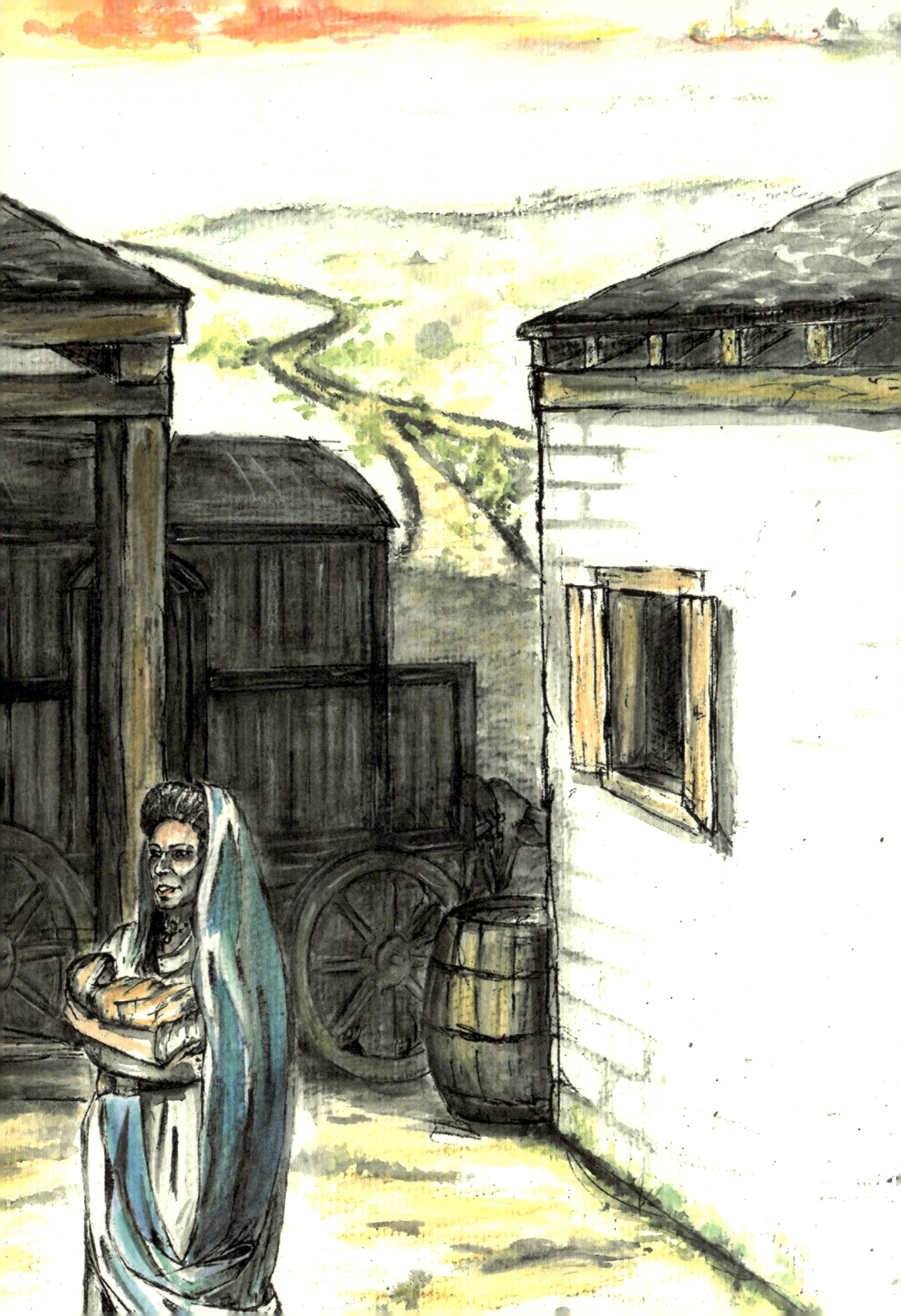

# RAST IM REMSTAL
# DAS KASTELL UND DIE STRASSENSTATION IN BÖBINGEN

Etwa 11 km östlich der Provinzgrenze zwischen Obergermanien und Raetien bei Schwäbisch Gmünd und ca. 15 km westlich des Reiterkastells Aalen liegt das Kohortenkastell von Böbingen. Seine Lage auf der Südseite des Remstals mit weitem Blick zu den Limesanlagen auf der Nordseite entspricht derjenigen des Kastells beim Schirenhof in Schwäbisch Gmünd.

Der Flurname »Bürgle« wies schon früh auf ein mögliches römisches Kastell hin, wobei bereits im Verlauf des 19. Jhs. römische Reste geborgen wurden. Die Entdeckung des Kastells erfolgte schließlich 1886 durch den ehemaligen württembergischen Generalstabschef Eduard von Kallée, der dann 1892 die systematischen Untersuchungen der Reichs-Limeskommission folgten. In den Jahren zwischen 1930 und 1935 fiel das gesamte Vorderlager (*praetentura*) einem Steinbruch zum Opfer, ohne dass hier archäologische Untersuchungen stattfanden. Die vorerst letzten Ausgrabungen im Kastellgelände fanden schließlich 1973/74 statt, wobei die heute sichtbaren Fundamente des Südtores, die Südostecke und Teile der Ostmauer konserviert wurden.

Das Kastell umfasst eine Fläche von ca. 2 ha (148 × 135 m), war von drei umlaufenden Gräben und einer 1,2 m breiten Wehrmauer umgeben. Diese besaß trapezförmige Ecktürme, Zwischentürme und vier Kastelltore, die bis auf das Südtor eine doppelte Durchfahrt aufwiesen. Von den Innengebäuden konnten das zentrale, 38,5 × 36 m große Stabsgebäude (*principia*) mit einer monumentalen Vorhalle von 57,4 × 16,7 m, das Wohnhaus des Kommandanten (*praetorium*), ein Speicher (*horreum*) und eine Mannschaftsbaracke teilweise untersucht werden. Neben Waffenteilen, Keramik und Fibeln wurde im Bereich des Stabsgebäudes auch der Finger einer bronzenen Kaiserstatue gefunden, die hier vor dem Fahnenheiligtum gestanden hatte.

Das Kastell wurde um die Mitte des 2. Jhs. n. Chr. unter Kaiser Antoninus Pius errichtet und kontrollierte einen Teil des westlichen raetischen Limesabschnittes. Der Größe nach zu urteilen war in Böbingen eine 500 Mann starke Kohorte (*cohors quingenaria*), evtl. die *Cohors VI Lusitanorum*, stationiert.

## Der Kastellvicus

Die römische Zivilsiedlung (*vicus*) erstreckte sich entlang einer südlich um das Kastell herumführenden Umgehungsstraße. Ausgrabungen fanden hier in den Jahren 1975, 1978 und 1981 statt. Dabei konnten unterhalb der Nordostecke des Kastells auf einer Geländestufe die Reste des Kastellbades nachgewiesen werden. Die Siedlung bestand aus sogenannten Streifenhäusern, die mit ihren überdachten Läden zur Straße hin ausgerichtet waren.

Am Ostrand des Vicus wurde ein Kultgebäude aufgedeckt. Die etwa 13 × 9,5 m große Halle besaß auf der Stirnseite eine rechteckige Apsis, nach Süden war ein Wohnraum mit Fußbodenheizung angebaut. Vor dem Haupteingang konnte eine rund 2 m breite, überdachte Grube nachgewiesen wer-

---

### Das Ende einer langen Reise – Abend im römischen Böbingen

Gegen Abend kommen vor der *mansio* nach und nach die Wagen der Reisenden an, die hier in der Herberge essen und die Nacht verbringen wollen. In den Stallungen werden die Zugtiere versorgt und die Wagen mit den Ladungen sicher untergestellt.

### Finally at one's destination after a long journey – nightfall at Roman Boebingen

In the evening the visitors and the tradesmen arrive at the »Böbingen *mansio*«. They want to have dinner and spend the night here. They also want their draught animals to be fed and the merchandise kept safe.

### La fin d'un long voyage – Soirée romaine à Böbingen

Dans la soirée les voyageurs en chariots arrivent au *mansio* pour manger à l'auberge et passer la nuit. Dans les écuries on s'occupe des bêtes, on parque les chariots et sécurise leur chargement.

den, die evtl. zu kultischen Zwecken diente. Bei dem Gebäude wird es sich um eine sogenannte *schola*, den Versammlungsraum eines *collegium* gehandelt haben, in dem sich eine Gruppe von Vicusbewohnern zu kultischen Handlungen traf.

## EINE MANSIO IM RÖMISCHEN BÖBINGEN

Für die Rasthäuser entlang der römischen Fernstraßen sind mehrere Begriffe überliefert. Das Wort *mansio* leitet sich dabei ab von dem Wort manere = bleiben und bezeichnete somit sowohl den Aufenthalt selbst, wie auch den eigentlichen Aufenthaltsort, also das Rasthaus. Das Wort *mutatio* stammt von dem Verb *mutare* = wechseln, tauschen und bezieht sich damit stärker auf den Aspekt des Austauschens der Reit- oder Zugtiere an einer Station. Neben diesen beiden Bezeichnungen, die hautsächlich in den spätantiken Straßenverzeichnissen *(itineraria)* verwendet werden, finden sich in den Quellen der mittleren Kaiserzeit vor allem die Wörter *taberna, praetorium, deversorium* oder *stabulum.* Auch wenn bisher keine Bezeichnung einem bestimmten Gebäudetypus klar zuzuweisen ist, so spricht einiges dafür, dass *praetorium* und *deversorium* eine komfortable Herberge, auch für hochgestellte Reisende, bezeichnen, während *taberna* und *stabulum* eher einfache Ställe mit Unterkunftsmöglichkeiten waren.

Das breite Spektrum solcher Rasthäuser spiegelt sich auch in den Reisenden selbst wider. Da ist auf der einen Seite der sogenannte *cursus publicus* zu nennen, der staatlich organisierte Kurier- und Transportdienst, der genauen Regeln unterworfen war und dessen Serviceeinrichtungen nur von berechtigten »Dienstreisenden« genutzt werden durften. Dazu zählten kaiserliche Kuriere, aber auch sonstige Beamte, die einen Erlaubnisschein *(diploma)* vorlegen mussten. Für diesen Personenkreis wurden in den Stationen nicht nur die Unterkunft bereitgestellt, sondern auch staatliche Reit- und Zugtiere zum Wechseln vorgehalten, die dann bis zur nächsten Station genutzt und dann zurückgeschickt werden mussten. Die Finanzierung des *cursus publicus* musste zum Großteil von den einzelnen Gemeinden übernommen werden, wobei die Leitung der Station selbst wohl in der Regel verpachtet war. Der Stationsvorsteher *(manceps)* kümmerte sich mit seinem Personal an Köchen, Zimmermädchen, Stallknechten und Maultiertreibern nicht nur um die Gäste und deren Tiere, sondern war auch für die Beachtung der Vorschriften verantwortlich, wie z. B. das Einhalten der Tagesleistungen der Reit- und Zugtiere oder das zulässige Gesamtgewicht bei schweren Lasten. Auch durfte er die Berechtigungsscheine kontrollieren, da anscheinend häufig Reisende die staatlichen Dienste ohne ein solches *diploma* in Anspruch nahmen. Die privaten Händler und Kaufleute reisten dagegen auf eigene Kosten und eigenes Risiko. Um die Gefahren unterwegs einzugrenzen, schlossen sie sich zu Vereinen *(collegia* oder *contubernia)* zusammen, die sich dann auch an den einzelnen Raststationen trafen bzw. unterstützten. In diesen Kontext könnte auch das Kultgebäude *(schola)* in der Zivilsiedlung *(vicus)* von Böbingen gehören.

### Statuette des Kriegsgottes Mars

Die 19,4 cm große Bronzefigur zeigt den unbekleideten römischen Kriegsgott in seinem jugendlichen Typus. Der schematische Helm ist separat gearbeitet, die ursprünglich vorhandene Lanze in der Rechten und der Schild in der Linken sind heute verloren.

### A statuette of Mars, the Roman God of War

This bronze figure, which is only 19.4 cm high, shows nude Mars, the Roman god of war, in youthful looks. His helmet is wrought separately, but the spear in his right and the shield in his left are both lost.

### Statuette de Mars, le Dieu de la guerre

Cette statuette en bronze de 19,4 cm montre le Dieu romain de la guerre jeune et nu. Le casque a été travaillé séparément. La lance qu'il tenait dans sa main droite et le bouclier dans la main gauche ont disparus.

## Mansio – Die Raststation

Etwa 80 m vor dem Osttor des Kastells lag eine große Raststation *(mansio)* mit einer Gesamtausdehnung von 82 × 45 m. Die Station bestand aus mehreren Gebäuden, die von einem nach außen offenen Portikus umgeben waren. Ein ca. 20 × 17 m großes Gebäude mit bis zu neun teilweise hypokaustierten (beheizbaren) Räumen kann aufgrund eines Backofens, des gefundenen Kochgeschirrs sowie zahlreicher gläserner Trinkbecher als Gasthaus angesprochen werden. Ein anderes Gebäude von ca. 7 × 13 m scheint ein Unterkunftshaus für hochrangige Reisende gewesen zu sein. Schließlich befanden sich in einem rund 38 × 9 m großen zweistöckigen Bau ein Saal mit einer zentralen Grillgrube, Baderäumen und weiteren beheizbaren Unterkünften. Ställe mit Stallboxen dienten der Unterbringung von Reit- und Zugtieren.

Auch wenn die einzelnen Überlieferungen hinsichtlich der zurückgelegten Tageswegstrecken unterschiedlich sind, so lassen sich doch durchschnittliche Abstände zwischen den Wechselstationen von 6–12 römischen Meilen (1 Meile = 1,48 km) bzw. ca. 8–18 km und zwischen größeren Herbergen von ca. 25 Meilen bzw. 37 km bestimmen. Überträgt man diese Entfernungen auf die Siedlungen im Remstal, so liegt Böbingen ziemlich genau auf halber Strecke zwischen der Provinzgrenze bei Schwäbisch Gmünd und dem Kastell Aalen, wobei die Entfernung jeweils rund 14 km bzw. 9,5 Meilen beträgt, etwa ein halber Tagesmarsch eines Soldaten bzw. die Tagesleistung eines schweren Ochsengespanns oder der übliche Abstand eines Pferdewechsels bei schnellen Kurieren. Auch die rund 60 km bzw. knapp 90 Meilen vom Neckar beim römischen Bad Cannstatt bis Böbingen lassen sich gut auf das Tagespensum der verschiedenen Reisenden auf der Remstalroute umrechnen. Ob es sich bei der Böbinger *mansio* allerdings wirklich um eine Station des *cursus publicus* handelte, in der auch hochgestellte Reisende der staatlichen Verwaltung einkehrten, oder lediglich um eine private Herberge, lässt sich anhand der Befunde nicht sagen.

### Literatur

Reichs-Limeskommission (Hg.), Der obergermanisch-raetische Limes des Roemerreiches, Abt. B 65 Kastell Böbingen (Heinrich Steimle) 1897.

Helmut Bender, Römische Straßen und Straßenstationen. Kleine Schriften zur Kenntnis der römischen Besetzungsgeschichte Südwestdeutschlands 13 (Stuttgart) 1975.

Helmut Bender, Römischer Reiseverkehr. Cursus publicus und Privatreisen. Kleine Schriften zur Kenntnis der römischen Besetzungsgeschichte Südwestdeutschlands 20 (Stuttgart) 1978.

Dietrich Rothacher, Böbingen, Limeskastell und Siedlung. In: Dieter Planck (Hg.), Die Römer in Baden-Württemberg (Stuttgart) 2005, 43–45.

## GRENZE ALS ORT DER BEGEGNUNG
## DER LIMES BEI HEUCHLINGEN WÄHREND DER HOLZBAUPHASE

**Stephan Bender**

Die Spuren eines Holzturmes am Rande des Grubenholzes bei Heuchlingen bilden die einzigen oberirdisch sichtbaren Reste der Holzbauphase des raetischen Limes im Ostalbkreis. Es ist wenig bekannt, dass vor dem Bau von Steintürmen und Mauer am raetischen Limes hölzerne Wachttürme standen und eine Holzpalisade als Sperrwerk diente. Wissenschaftlich ist diese Bauabfolge auch noch nicht in allen Details geklärt. Umso größer ist der Zeugniswert dieses Bodendenkmals bei Heuchlingen.

Wie am gesamten Limes mag es auch hier zu spontanen Begegnungen auf Sicht- und Rufweite zwischen römischen Grenzsoldaten und Germanen gekommen sein. An Übergangsstellen konnten die Germanen den Limes passieren, wo sie dann unter bestimmten Auflagen das Gebiet des Römischen Staates betraten. Ansonsten war ihnen der Grenzübertritt verboten.

## THE BORDER – THE LIMES NEAR HEUCHLINGEN DURING TIMBER PALISADE AS BARRIER LINE

Marks of a wooden tower were found near Heuchlingen. They are the only visible traces of the wooden palisades of early Limes construction. Therefore they are of high relevance.

Probably there were lots of spontaneous encounters between the soldiers and the Germanic people who could pass the border on special conditions. Yet on the whole it was forbidden to enter the Roman Empire.

## LA FRONTIÈRE COMME LIEU DE RENCONTRE – LE LIMES À HEUCHLINGEN PENDANT LA CONSTRUCTION DE LA PALISSADE EN BOIS

Les restes d'une tour en bois près du Grubenholz à Heuchlingen sont les seuls vestiges encore visibles en surface de l'époque des fortifications en bois du Limes de Rhétie dans la région Ostalb. Il est peu connu qu'avant les fortifications en pierre, le Limes de Rhétie était doté de tours en rondins et d'une palissade en bois. Scientifiquement cette époque n'est pas encore connue dans tous ses détails, ce qui fait l'importance des vestiges de Heuchlingen.

Tout le long du Limes, il y a eu des rencontres spontanées entre les soldats romains de l'armée frontalière et des Germains car on pouvait s'apercevoir et communiquer à distance. Aux portes frontalières, les Germains pouvaient passer le Limes et pénétrer sous certaines conditions sur le territoire romain. Autrement il leur était interdit de passer la frontière.

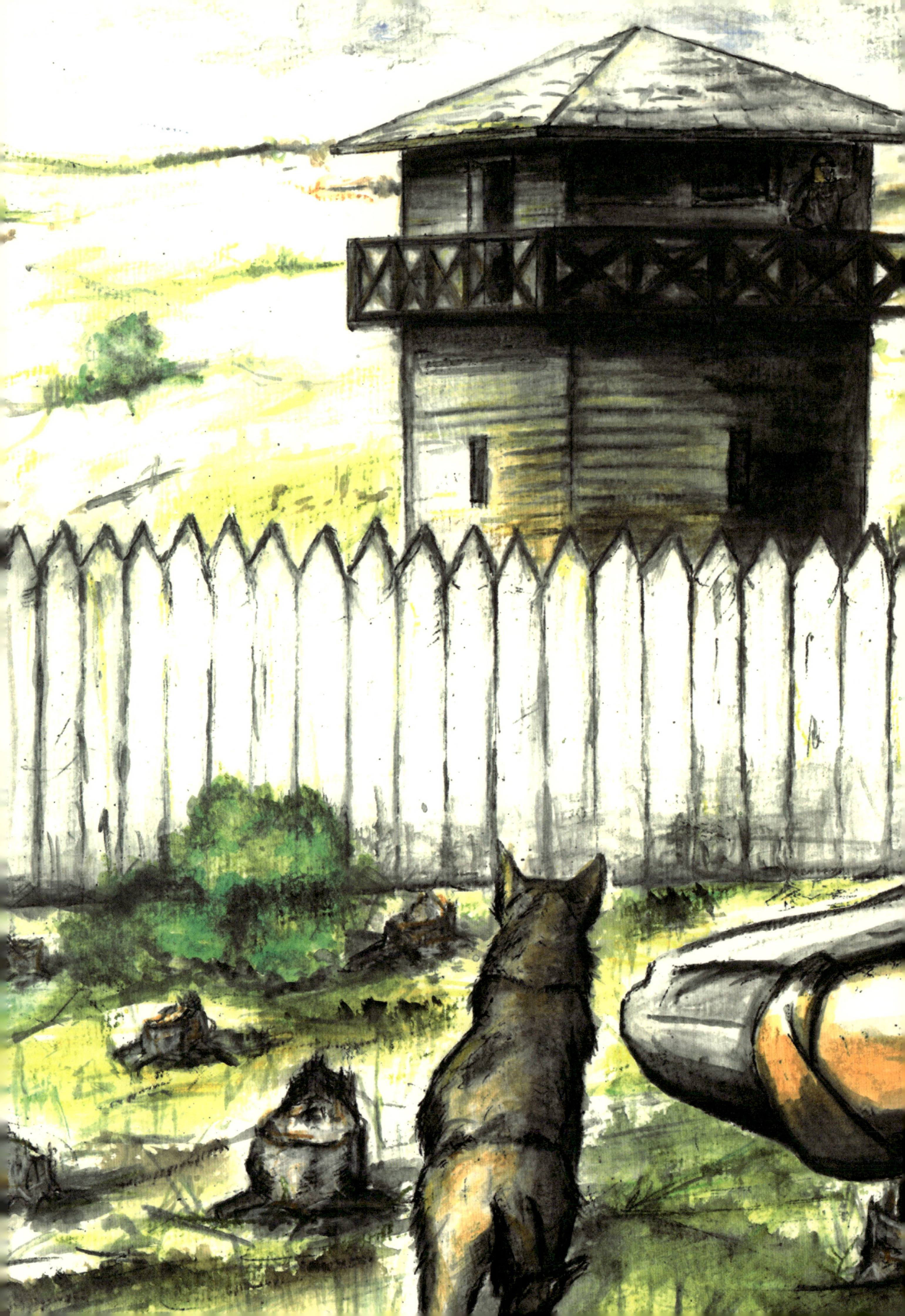

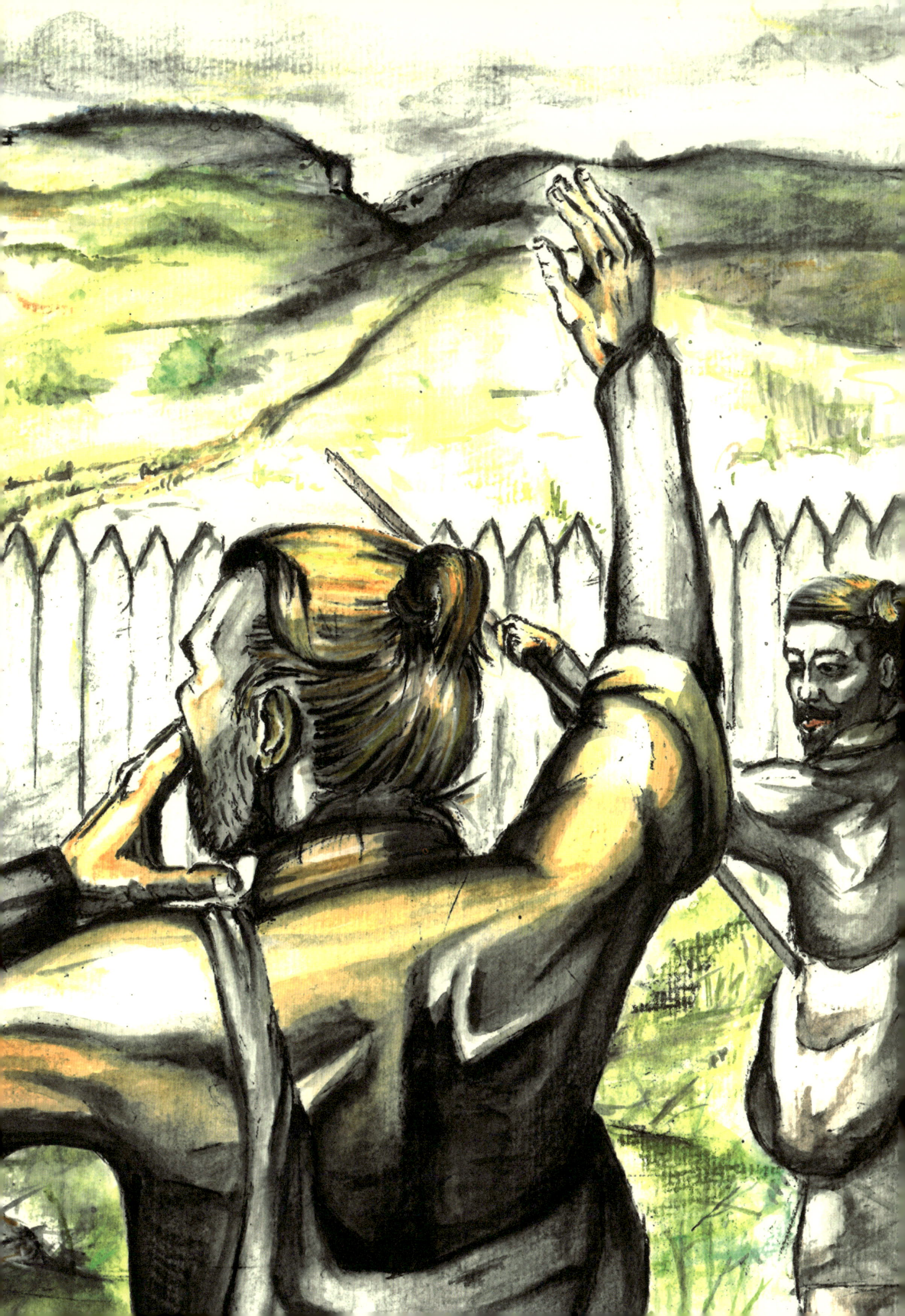

# GRENZE ALS ORT DER BEGEGNUNG
# DER LIMES BEI HEUCHLINGEN WÄHREND DER HOLZBAUPHASE

Auf der Höhe zwischen Mögglingen im Remstal und Heuchlingen im Leintal verläuft der Limes. Im Grubenholz, so der Name des Waldes, der Teile dieser Höhe einnimmt, ist die raetische Mauer in Gestalt eines bis zu 1 m hohen Schuttwalles noch gut sichtbar, ebenso viele Grabhügel eines vorgeschichtlichen Gräberfeldes (8.–5. Jh. v. Chr.). Unmittelbar nördlich der Mauer befindet sich auf der Gemarkung von Heuchlingen ein knapp 1 m hoher Hügel von rund 10 m Durchmesser. Eine schwache Mulde zeugt von einem Graben, der den Hügel umgab.

In der Frühzeit der Limesforschung glaubte man, es handele sich um ein »Castell mit Graben um sich her«. Michael Redenbacher aus Pappenheim an der Altmühl, einer der Pioniere der Limesforschung, kam zu diesem Urteil. Er beging Ende des 18. und zu Beginn des 19. Jhs. den Limes zwischen der Donau und Grab – heute ein Ortsteil der Gemeinde Großerlach (Rems-Murr-Kreis) – und brachte seine Beobachtungen zu Papier. Die Reichs-Limeskommission befand anders: Ernst Fabricius höchstpersönlich, der dem berühmten Theodor Mommsen als Vorsitzender der Reichs-Limeskommission nachfolgte, kam 1898 ins Grubenholz, identifizierte das »Castell« wieder im Gelände und führte 1902 zusammen mit dem Streckenkommissar Heinrich Steimle an dieser Stelle Ausgrabungen durch. Die Untersuchung bestätigte, was nach rund hundert Jahren aufgrund hinzugewonnener Kenntnisse angenommen wurde. Die sichtbaren Reste des Bauwerks stammen von einem Holzturm, den die Römer hier errichteten. Ein nahezu quadratischer Graben, der noch bis zu 1,10 m unter die Erdoberfläche reicht, umschloss die Innenfläche, die mit dem Aushub des Grabens zu einem Hügel aufgeschüttet wurde. Auf dem Hügel erhob sich der Holzturm, von dem sich bei der Ausgrabung aber keine Spuren mehr fanden. Der Graben diente der Trockenhaltung des Hügels und nicht Verteidigungszwecken. Holztürme waren immer von einem Graben umgeben.

## Holztürme am raetischen Limes

Am raetischen Limes standen ursprünglich erst einmal nur Holztürme. Dann bauten die Römer eine durchgehende Sperranlage in Gestalt einer Holzpalisade, die aus halbierten Baumstämmen bestand. Fabricius und Steimle hofften, den Graben zu finden, in dem die Holzpalisade aufgerichtet wurde. Sie öffneten einen Schnitt, der vom Grabenrand 20 m weit ins nördliche Vorfeld des Turmes reichte – leider ohne Erfolg. Entweder konnten die Ausgräber den Graben nicht erkennen oder die Schnittlänge von 20 m reichte nicht aus, oder – was wenig wahrscheinlich ist – es hat hier keine Palisade gegeben.

Wie bei der Trassierung des obergermanischen Limes wurde auch am Rande Raetiens zuerst ein Geländestreifen definiert, der von Holztürmen aus überwacht worden ist. Dann kam in den 60er Jahren des 2. Jhs. n. Chr. die

---

**Germanen nähern sich dem Limes bei Heuchlingen**

Von Norden nähern sich nach langer Wanderung zwei Germanen in Begleitung eines Hundes dem Limes beim WP 12/45. Auf Rufweite stehen sie dem römischen Grenzsoldaten gegenüber. Einen spontanen, freundlichen Gruß mag der Germane dem Soldaten zurufen.

**Ancient Germans approaching Limes at Heuchlingen village**

From the north and after a long walk two ancient Germans approach the Limes sentry WP 12/45. They are accompanied by their dog. They face the Roman guard in calling distance. Maybe they greet him in a friendly way. For a long time this may have been the normal way of two co-existing cultures.

**Des Germains s'approchent du Limes à Heuchlingen**

Deux Germains venant du nord avec leur chien s'approchent après une longue marche du poste de garde WP 12/45. Ils sont à portée de voix du soldat romain qui monte la garde sur la plateforme de la tour. Le Germain le salue aimablement. Pendant longtemps sur le Limes, les relations entre les deux cultures étaient plutôt paisibles.

Holzpalisade als Sperrwerk hinzu. Erst dann wurden die Holz- durch Steintürme ersetzt und gegen 206/207 n. Chr. die raetische Mauer errichtet, und zwar um rund 20 m nach Süden versetzt. Deshalb liegt der Holzturmhügel im Grubenholz nördlich der Mauer, also auf germanischer Seite, legt man den letzten Ausbauzustand des Limes zugrunde. Beim Bau der Mauer wurden die Steintürme meist direkt eingebunden.

Die Mauer des raetischen Limes ist besser bekannt unter dem Begriff »Teufelsmauer«. Der Teufel soll, so die Sage, die Mauer gebaut haben. Und die Mauer hinterließ natürlich als Schuttwall respektable Spuren im Gelände.

## KOEXISTENZ VON RÖMERN UND GERMANEN

Es ist falsch zu glauben, Römer und Germanen hätten sich am Limes ununterbrochen feindlich gegenübergestanden. Der Limes wurde auch nicht aus Angst vor großen germanischen Kriegszügen errichtet, wie sie Rom mit den Zügen der Kimbern und Teutonen bereits am Ende des 2. Jhs. v. Chr. erlebt hatte, als der *furor teutonicus*, die Angst vor den Germanen, sprichwörtlich geworden ist. Dazu reichten die Grenzanlagen und ihre Besatzungen nicht aus. Der Limes trennte zwar den römischen Staat von den Germanen, er ist aber auch zur Kontaktzone zweier völlig unterschiedlicher Kulturen geworden. In diesem Spannungsverhältnis wurzelt die welthistorische Bedeutung des Limes. Römer und Germanen begegneten und näherten sich im Rahmen friedlicher Koexistenz an – trotz des Militärapparats, der notwendig war, weil es den Germanen nicht gestattet war, den Limes unkontrolliert zu überschreiten.

Allerdings scheint vor dem Limes im Ostalbkreis erst einmal Siedlungsleere geherrscht zu haben. Erst in Main- und Tauberfranken, also rund 80 km nördlich des Limes, sind uns germanische Siedlungen bekannt. Entweder klafft hier eine Forschungslücke oder nördlich des raetischen Limes gab es tatsächlich einen weitgehend siedlungsfreien Streifen. Aber keine Frage: Auch aus großer Distanz erreichten die Germanen den Limes und konnten sich von der römischen Zivilisation faszinieren lassen. Das ist auf eindrucksvolle Weise auch daran ablesbar, dass man sich auf germanischer Seite bei der Herstellung von Alltagswaren an römischen Vorbildern orientierte und damit auch römische Ess- und Trinksitten übernahm. Schon der kleine Grenzverkehr am Limes ermöglichte es, mediterrane Kultur in ihrer Vielfalt kennen- und schätzen zu lernen, auch architektonisch, denkt man an die weiß verputzten und mit rotem Fugenstrich versehenen Grenzbauwerke, die Quadermauerwerk vortäuschten, oder die kleinen Amphitheater bei manchen Kastellen.

Vor diesem Hintergrund ist es verständlich, dass die Germanen keinen »Kampf gegen Rom« führten, sondern einen »Kampf um Rom«, wie Felix Dahn bei seinem berühmten Roman zutreffend titelte.

**Römischer und germanischer Faltenbecher**

Das Verhältnis zwischen Römern und Germanen zeigt sich eindrucksvoll beim Vergleich zweier Tongefäße vom Limes in Hessen. Der auf der Drehscheibe hergestellte römische Faltenbecher ist zum Vorbild für das germanische Gefäß (rechts) geworden.

**A Roman and a German folded pottery cup**

To illustrate the German-Roman relations it is quite impressive to compare two works of pottery found at the Hessian part of Limes. The Roman cup (left) obviously serves as a model for the German potter.

**Gobelet à dépression romain et gobelet à dépression germanique**

La comparaison des deux gobelets en céramique trouvés sur le Limes de la Hesse illustre bien l'état des relations entre Romains et Germains. Le gobelet à dépression romain (à gauche) fait sur un tour à modeler a servi de modèle au gobelet germain.

Angesichts der Sage und des guten Erhaltungszustandes der Mauer mag es verständlich sein, warum die Mauer in weiten Kreisen recht gut bekannt ist, die Holzbauten dagegen kaum. Aber auch die Forschung, die Reste von Mauerwerk eher als Spuren von Bauwerken aus Holz zu registrieren vermag, hat sich mit den Holzbauphasen immer schon schwerer getan, nicht nur am raetischen Limes. Das hat vielerorts mit den schlechten Beobachtungsmöglichkeiten im weitgehend landwirtschaftlich genutzten Gelände zu tun, natürlich aber auch mit der Vergänglichkeit des Holzes.

Auf dem Gebiet des heutigen Ostalbkreises, der den Westabschnitt des raetischen Limes umfasst, konnte die Reichs-Limeskommission nur den Turm im Heuchlinger Grubenholz sicher als Holzturm nachweisen, für drei weitere Türme liegen Hinweise vor. Es war hauptsächlich dieser dürftige Befund an Holzbauspuren am westlichen raetischen Limes, der zu einem schiefen Bild von der Entstehungsgeschichte der Außengrenze Raetiens führte. Man glaubte nämlich lange Zeit, dass die Trasse des raetischen Limes zwischen Rotenbachtal und Donau in drei Etappen zusammenwuchs. Inzwischen werden durch neue Forschungen im Ostalbkreis die Lücken geschlossen. Geophysikalische Prospektionen bei Essingen und Hüttlingen führten inzwischen nicht nur zur Entdeckung weiterer Holztürme, sondern auch zum Nachweis des Palisadengrabens im Vorfeld der Türme. Zukünftige Forschungen werden bestimmt zeigen, dass im Westen – wie am mittleren und östlichen Abschnitt des raetischen Limes – die Grenzlinie in ihrer frühen Phase, der Holzbauphase, regulär mit Türmen und Palisade ausgebaut war und damit dem raetischen Limes eine einheitliche Gesamtplanung zugrunde lag.

**Literatur**

Reichs-Limeskommission (Hg.), Der obergermanisch-raetische Limes des Roemerreiches, Abt. A Strecke 12 (Heinrich Steimle) 1935.

Dietwulf Baatz, Die Wachttürme am Limes. Kleine Schriften zur Kenntnis der römischen Besetzungsgeschichte Südwestdeutschlands 15 (Stuttgart) 1976.

Ernst Künzl, Die Germanen, Theiss Verlag (Stuttgart) 2006.

C. Sebastian Sommer, Trajan, Hadrian, Antoninus Pius, Marc Aurel? Zur Datierung der Anlagen des Raetischen Limes. Bericht der Bayerischen Bodendenkmalpflege 52, 2011, 137–180.

Stephan Bender, Bauplanungen, Wissenslücken und Forschungsprobleme. Neue Einblicke am Raetischen Limes bei Hüttlingen. Der Limes 6, Heft 2, 2012, 12–15.

Stephan Bender, UNESCO-Welterbe in Baden-Württemberg. Geophysikalische Prospektionen am Limes. Archäologische Ausgrabungen in Baden-Württemberg 2012, 58–62.

## DIE GRENZMAUER ZWISCHEN GRABHÜGELN
# DER RAETISCHE LIMES BEI MÖGGLINGEN

**Andreas Thiel**

Nördlich von Mögglingen durchquert der Limes ein rund 700 Jahre älteres, ausgedehntes Grabhügelfeld – vermutlich aus der jüngeren Eisenzeit. Insgesamt lassen sich heute an dieser Stelle noch 36 Grabhügel nachweisen. Die Limesmauer verläuft hier, ohne Rücksicht zu nehmen, zum Teil direkt über die bis heute sichtbaren älteren Hügelgräber hinweg. Wir müssen davon ausgehen, dass den Römern dies beim Bau der Grenzanlagen durchaus bewusst war. Anstatt jedoch durch eine Richtungsänderung auf den alten Friedhof Rücksicht zu nehmen, nutzte man zumindest einen der Hügel zum Bau eines Brennofens, in dem der Kalk für den Bau der Grenzmauer hergestellt wurde.

## THE BORDER WALL CUTS THROUGH A BURIAL GROUND
## THE RHAETIAN LIMES NEAR MOEGGLINGEN

North of Moegglingen village the Limes cuts through a large, ancient field of mounds which is in fact about 700 years older than Limes itself. It dates supposedly from the later Iron Age. On the whole we are able to identify 36 mounds here today. The Limes wall, however, regardless of them, runs over those mounds which are still visible today. The Romans probably did so on purpose. With no consideration of this ancient burial ground they did not want a change in direction. They even used one mound for building a kiln to make the lime for wall construction.

## LE MUR DE FORTIFICATION ENTRE LES MONTICULES
## FUNÉRAIRES – LE LIMES DE RHÉTIE PRÈS DE MÖGGLINGEN

Au nord de Mögglingen, le Limes traverse un grand champ de monticules funéraires crée environ 700 ans plus tôt probablement à la fin de l'âge de fer. On compte encore aujourd'hui monticules funéraires à cet endroit.
Ici le Limes chevauche en partie directement les monticules encore visibles aujourd'hui. On pense que les Romains en étaient parfaitement conscients lors de la construction des fortifications. Au lieu de respecter les tombes en faisant un détour, ils ont utilisé au moins un monticule pour construire un four dans lequel était produite la chaux nécessaire à la construction des fortifications.

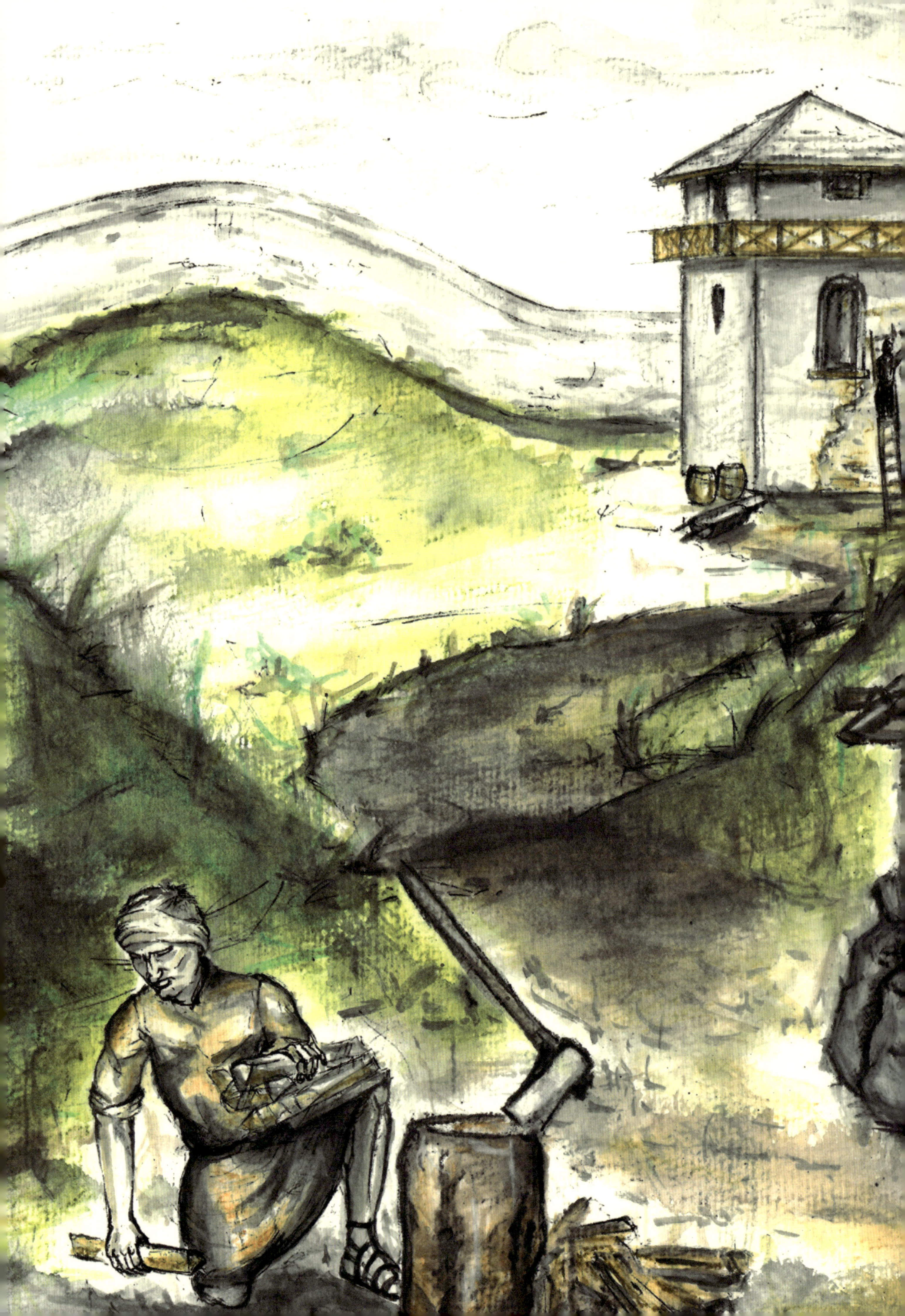

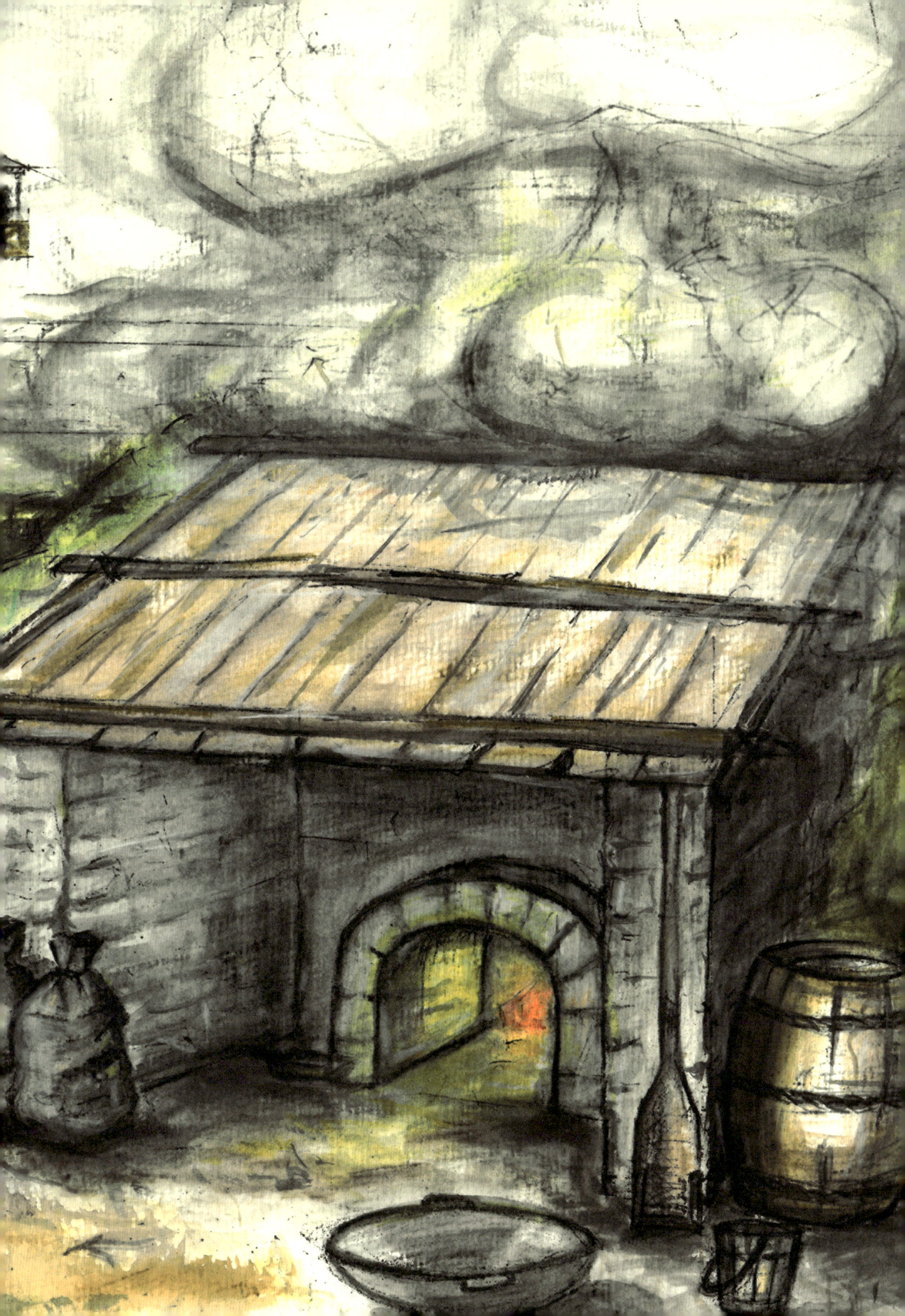

# DIE GRENZMAUER ZWISCHEN GRABHÜGELN
# DER RAETISCHE LIMES BEI MÖGGLINGEN

Bei Mögglingen findet sich mit 470 m ü. NN der höchstgelegene Punkt entlang der insgesamt gut 18 km langen Limesstrecke nördlich des Remstales. Die raetische Mauer verläuft hier etwa in der Mitte zwischen dem Tal der Lein im Norden und der Rems im Süden. Bis zur angenommenen römischen Fernstraße von Stuttgart Bad Cannstatt nach Aalen (heutige Bundesstrasse B 29) sind es lediglich knapp zwei Kilometer. Ob der Straßenverlauf in der Antike von dieser Stelle aus sichtbar war, ist allerdings nicht gewiss, den Blick auf das Remstal schränken die Höhen des vorgelagerten Barn- bzw. Breitenberges stark ein. Auch nach Norden versperren schon nach weniger als zwei Kilometer die Ausläufer der Frickenhofer Höhe nördlich der Lein den Blick in die germanisch kontrollierten Lande. Aber nicht nur wegen seiner topographischen Lage ist der Limesabschnitt bei Mögglingen eine Besonderheit im Ostalbkreis: Bereits einer der frühesten Limesforscher, der aus der Nähe von Landshut in Niederbayern stammende Historiker Andreas Buchner beschrieb 1821 in seinen »Reisen auf der Teufelsmauer«, auch »einen anderen Wald, das Eyholz (Heuholz), wo mehrere Grabhügel sich zeigen, darunter einer von ausnehmender Größe, 180 Fuß im Umfange, im Schatten hundertjähriger Hagen-Buchen, die nach einer Regel auf und neben ihnen gepflanzt zu seyn scheinen, und dieser Stelle ein ehrwürdiges Ansehen geben«. Eduard Paulus kennt hier ebenfalls »altgermanische Grabhügel, von denen im Jahr 1833 zwei geöffnet wurden; sie enthielten Bruchstücke von Gefäßen (außen roth gefärbt, im Bruch schwarz), eine kleine, noch erhaltene Schale, Kohlen, halbverbrannte Eicheln, Reste von eisernen und bronzenen Gegenständen usw.« Beide Schilderungen geben eine Situation wieder, die großteils auch heute noch anzutreffen ist – lediglich die alten Hainbuchen gibt es nicht mehr im Wald »Grubenholz«. Nördlich von Mögglingen durchquert der Limes ein rund 700 Jahre älteres, ausgedehntes Grabhügelfeld, vermutlich aus der Hallstattzeit. Eine vergleichbare Situation ist sonst in Baden-Württemberg nicht belegt, lediglich nördlich des Mains im Westerwald und Taunus gibt es Parallelen zu dieser Besonderheit.

Es stellt sich die Frage, wie man sich die historische Situation beim Bau des Limes vorzustellen hat? Mit Blick auf die Karte zeigt sich, dass der Limes hier bei Mögglingen nach wie vor dem Verlauf auf dem nördlichen Talrand der Rems folgt, den er schon seit Lorch einnimmt. Die aus Südwesten kommende »Teufelsmauer« knickt lediglich im Grubenholz unmittelbar in Richtung Osten ab und hält auf die nördliche Flanke des als weitere Landmarke dienenden Kolbenbergs zu. Wir müssen daher davon ausgehen, dass das Militär bei der Trassierung der Grenzsperren auch hier dem Generalplan folgte, der lautete das Remstal zu sichern, indem eine Grenzlinie auf den begleitenden Höhen im Norden des Flusses gezogen wird. Daher verläuft die Teufelsmauer ohne Rücksicht zu nehmen zum Teil direkt über die bis

**Die Grenzmauer zwischen Grabhügeln**
Römischer Pragmatismus siegt über Pietät: Zu der überall am Limes anzutreffenden Nutzung aller verfügbaren Ressourcen für das umfangreiche Bauprogramm entlang der Grenze passt auch der Einbau eines Kalkofens in den vorgeschichtlichen Grabhügel.

**The wall between the mounds**
Here Roman pragmatism triumphed over pious respect. On building this fortification the Romans made use of all the resources available at hand along the border. So the mound turned into a kiln makes sense to us and saved them a lot of work.

**Le mur de fortification entre les monticules funéraires**
Le pragmatisme des Romains est plus fort que leur piété: la construction d'un four à chaux dans une sépulture préhistorique est un exemple de l'utilisation maximale des ressources pour la construction des fortifications le long des frontières de l'empire.

Heuholz   WP 45   WP 46   Grubenhölzle   WP 47

heute nicht zu übersehenden weitaus älteren Hügelgräber hinweg. Da dieser Höhenrücken offenbar auch den Menschen der frühen Eisenzeit als weithin sichtbare Landmarke aufgefallen war, wählten sie diesen als herausgehobenen Bestattungsplatz für ihre Verstorbenen. Die Überlagerung beider archäologischer Kulturdenkmale an ein und demselben Platz ist daher lediglich der Topographie des Grubenholzes geschuldet.
Die Trasse der Limesmauer zeichnet sich bis heute im Wald noch deutlich ab. Ein durchgehender Steinriegel zeugt vom Steinversturz der Mauer.

**Ein römischer Kalkofen**

Eine Überraschung erlebten auch die Ausgräber eines noch 2 m hohen Grabhügels im Jahr 1902. Statt der erhofften keltischen Grablege stieß man bei der Aufdeckung auf die Reste eines Kalkofens. Der damals aufgezeichnete

## DER BAU DER TEUFELSMAUER IN RAETIEN

Im Unterschied zum obergermanischen Limes, der während seines gesamten Bestehens mit Holz- oder Erdwerken befestigt blieb, wurde an der raetischen Grenze als letzte Ausbauphase eine massive Steinmauer errichtet. Mit einer angenommenen Höhe von 2,5–3 m zog sich diese durchgehend von Schwäbisch Gmünd im Westen auf einer Länge von rund 170 km nach Osten bis nach Neustadt an der Donau.

Da wir so gut wie keine schriftlichen Quellen aus der Antike besitzen, die uns Auskunft über Bau bzw. Ausbau der Limesanlagen geben, wurde in der Forschung vielfach spekuliert, worauf dieser Unterschied in den Grenzbefestigungen der beiden Nachbarprovinzen zurückzuführen ist. Für die Beantwortung dieser Frage spielt dabei der Zeitpunkt des Mauerbaus in Raetien eine wichtige Rolle. Den Kollegen des Bayerischen Landesamtes für Denkmalpflege gelang hierzu nahe des Kastells Dambach in Mittelfranken im Jahr 2008 eine wichtige Entdeckung: Mit der Datierung hölzerner Pfähle, die zur Fundamentierung unterhalb der Limesmauer im Erdreich steckten, konnte festgestellt werden, dass die dortige Limesmauer nicht vor dem Winter 206/207 n. Chr. errichtet worden sein kann. Der Bau der raetischen Mauer fällt damit in die Zeit des Kaisers Septimius Severus (193–211 n. Chr.). Auf dessen Veranlassung wurden gerade in Obergermanien und Raetien zahlreiche staatliche Baumaßnahmen durchgeführt, darunter der Ausbau des (Militär-)Straßennetzes und Renovierungsmaßnahmen an verschiedenen Kastellplätzen, so z. B. auch 208 n. Chr. an der *principia* des Reiterkastells Aalen. Sein Sohn Marcus Aurelius Severus Antoninus, besser bekannt unter seinem Spitznamen »Caracalla«, nutzte diese Infrastruktur dann im Jahr 213 n. Chr. für einen Feldzug gegen die im Limesvorland siedelnden Germanen.

WP 48   Gollenhof   WP 49   Wald Bibert   WP 50

### Hallstattzeitliche Keramik

Wir wissen nicht genau, aus welcher Epoche die vorgeschichtlichen Grabhügel stammen, die durch den Bau des Limes gestört worden waren. Am wahrscheinlichsten dürfte sein, dass diese in frühkeltischer Zeit (Hallstattzeit ca. 800–500 v. Chr.) angelegt wurden. Falls schon die Römer Funde aus diesen Hügeln bargen, dürften sie Gefäßbeigaben in dieser Form gefunden haben.

### Hallstatt Age Ceramics

We do not exactly know the epoch in which these prehistoric mounds were erected and which were disturbed by constructing the Limes. Most probably it happened in early Celtic times (Hallstatt Age about 800–500 B.C.). In case the Romans discovered burial objects they might have had the form of Hallstatt ceramics.

### Céramique de l'époque Hallstatt

Nous ne connaissons pas exactement l'époque des monticules funéraires détruits par le Limes. Il est probable que ceux-ci ont été érigés au début de l'époque celtique (Epoque de Hallstatt environ 800–500 avant JC). Si les Romains ont trouvé des vestiges dans les tombes, il pourrait s'agir de récipients d'offrande semblables à celui-ci.

Profilschnitt zeigt, dass das 2,7 × 2,5 m große Ofeninnere bis auf das Niveau der vorgeschichtlichen Grabgrube hinab reichte. Durch den Einbau in die bestehende Hügelschüttung sparte man sich die Mühe, ein Fundament für den Ofen zu bauen. Spätestens dieser Befund belegt, dass die römischen Arbeiter, die in Mögglingen mit dem Bau der Limesmauer beauftragt waren, genau wussten, dass ihre Baustelle im Bereich eines alten Friedhofs lag. Wie der Bericht über die Öffnung der vorgeschichtlichen Hügel 1833 belegt, haben jedoch die Erbauer des Limes bzw. die später hier Dienst habenden Grenzsoldaten die Hügel nicht geöffnet, um die in ihnen verborgenen Grabbeigaben an sich zu nehmen, sonst wären die Untersuchungen des 19. Jhs. ergebnislos geblieben. Dies wirft ein interessantes Licht auf das Denken und Handeln der Römer: Möglich war eine Zerstörung der angetroffenen Hügel aus praktischen Gründen heraus, wie der Bau des Kalkofens oder das Schneiden von Hügeln durch die Limesmauer belegen. Vor einer Störung der Totenruhe, um sich der Beigaben zu bemächtigen, schreckte man aber zurück.

Auch andernorts sind entlang der raetischen Mauer Kalköfen nachzuweisen. Für den Bau der Limesmauer benötigten die römischen Maurer enorme Materialmengen. Der anstehende Jurakalk diente einerseits als Werkstein für den Bau der Mauer und Türme dieser Strecke, andererseits auch als Rohstoff zum Brennen des Kalks, der anschließend für das Anmischen des Mörtels benötigt wurde. Feuerholz für den Betrieb der Kalköfen lieferten die Wälder der Umgebung und auch Wasser zum Löschen des Kalks und Anmischen des Mörtels fand sich zumeist nicht weit entfernt. Noch wird in der Wissenschaft diskutiert, inwieweit Kalkmörtel nicht nur zum Zusammenfügen der Mauersteine benutzt wurde, sondern ob die Limesmauer nicht auch einen flächigen Außenputz trug. Wie bei den Kastellen und Wachttürmen auch wäre das Bauwerk damit besser vor der Witterung geschützt gewesen. Als weithin sichtbare Demonstration römischer Technik hätte eine weiße Limesmauer so gleichzeitig auch Eindruck auf die germanischen »Barbaren« jenseits der Grenze gemacht.

In jedem Fall dürfen wir davon ausgehen, dass der Bau der Raetischen Mauer zwar eine ungeheure Arbeitsleistung war und viele Monate, wenn nicht Jahre gedauert haben dürfte, aber die Baukosten sich in einem überschaubaren Rahmen hielten. Die Arbeitskraft der zum Bau eingesetzten Soldaten war vorhanden und das Material stand entlang der Baustelle kostenfrei zur Verfügung.

### Literatur

Reichs-Limeskommission (Hg.), Der obergermanisch-raetische Limes des Roemerreiches, Abt. A Strecke 12 (Der raetische Limes von Haghof bei Welzheim bis zur württembergisch-bayerischen Grenze) 1935.

Andreas Buchner, Reisen auf der Teufels-Mauer (Regensburg) 1821–1831.

## DREH- UND ANGELPUNKT IM OSTALBKREIS
# DER KOLBENBERG UND DIE VERMESSUNG DES LIMES

**Andreas Thiel**

Der Kolbenberg auf der Gemarkung Essingen stellt mit einer Höhe von 552 Meter eine weithin sichtbare Landmarke im Ostalbkreis dar. An seinem nördlichen Hang treffen zwei Limesstrecken in stumpfem Winkel von knapp 40 Grad aufeinander. Die markante Kuppe und seine deutliche Beziehung zum Limes lassen den Schluss zu, dass der Kolbenberg eine wichtige Rolle bei der Vermessung der Limeslinie gespielt hat. Zwar kennen wir von seiner Höhe keine römischen Funde, doch wurde jüngst nicht weit davon ein Kleinkastell entdeckt.

## THE LINCHPIN OF THE OSTALBKREIS
## SURVEYING LIMES FROM KOLBENBERG

Kolbenberg in the district of Essingen is 552 metres high and therefore a most visible landmark in Ostalbkreis. Two Limes lines meet in obtuse angle of about 40 degrees on its northern slope. The prominent hill-top and its obvious relationship to the Limes make us conclude that Kolbenberg had an important part in the surveying of Limes. Although we have no Roman finds to prove it, archaeologists recently discovered a small fort not far away from Kolbenberg.

## LE PIVOT DE LA RÉGION OSTALB
## LE KOLBENBERG ET LE TRACÉ DU LIMES

À proximité d'Essingen le Kolbenberg représente avec ses 552m un des points les plus marquants de la région Ostalb. Deux sections du Limes se rejoignent sur son flanc nord en formant un angle d'un peu moins de 40 degrés. La forme particulière de son sommet et sa position par rapport au Limes laissent supposer qu'il a joué un rôle important dans l'arpentage du Limes. On n'a certes pas trouvé de restes romains sur ses hauteurs mais on vient de découvrir pas loin de là un petit fortin.

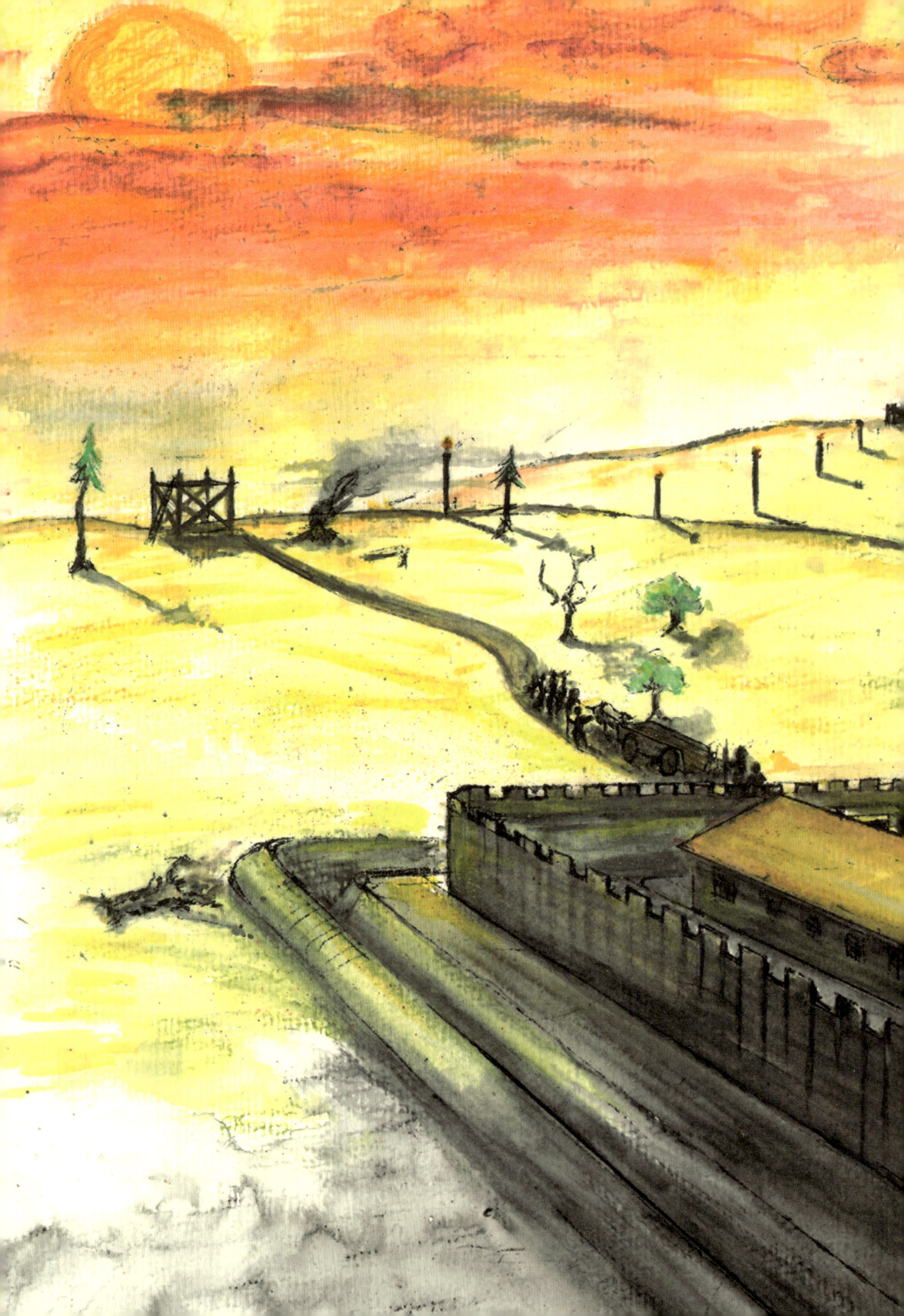

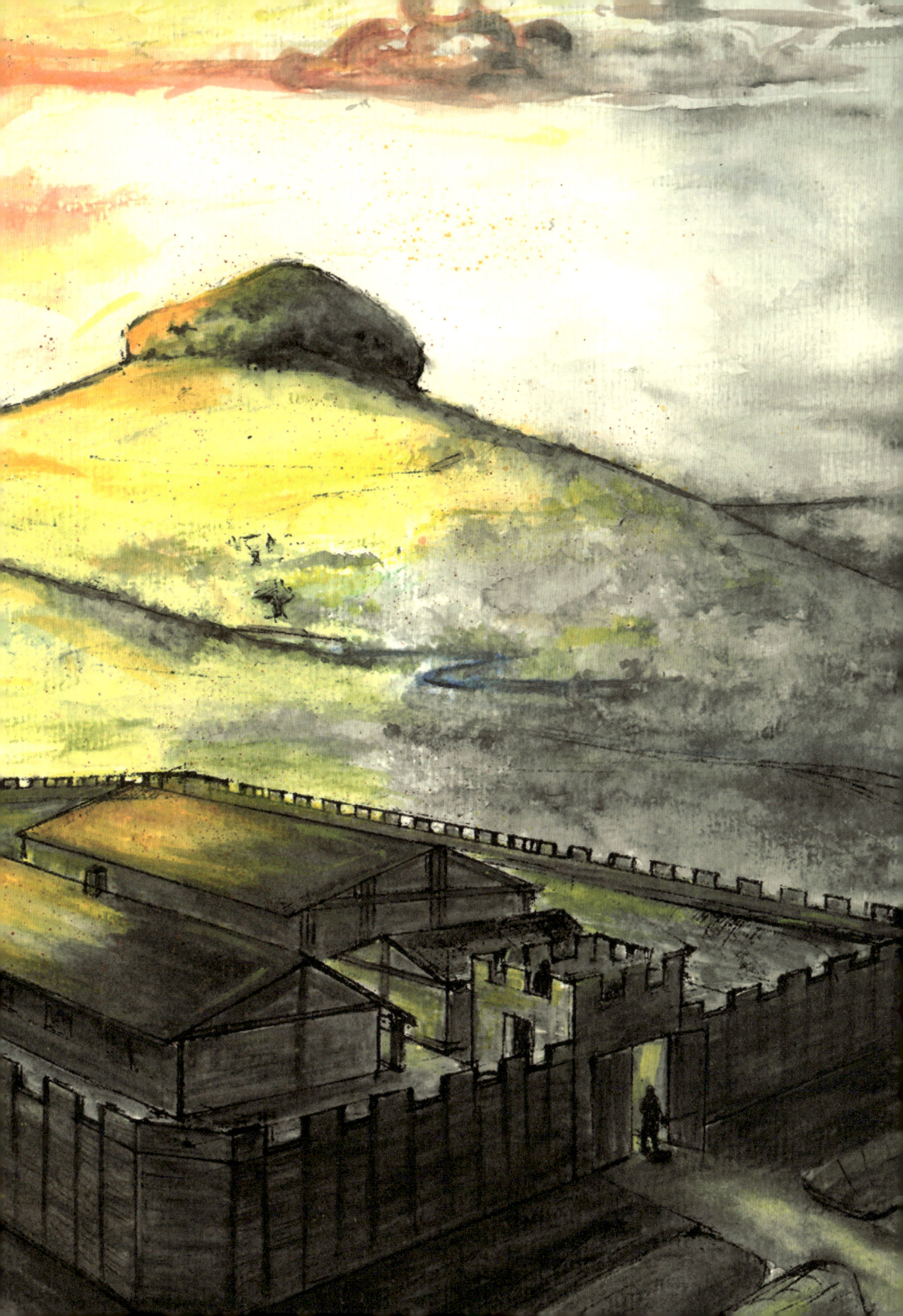

# DREH- UND ANGELPUNKT IM OSTALBKREIS
# DER KOLBENBERG UND DIE VERMESSUNG DES LIMES

Folgt man dem Limesverlauf von West nach Ost, so bildet der Kolbenberg auf der Gemarkung Essingen mit einer Höhe von 552 m eine weithin sichtbare Landmarke im Ostalbkreis. Markant ist heute insbesondere seine bewaldete Kappe. Schnurgerade hält der Grenzverlauf nach seiner letzten Richtungskorrektur nördlich von Mögglingen auf die Nordflanke des gut 50 m über seine Umgebung emporragenden Berges zu. Der Kolbenberg, ein Kegelberg aus Eisensandstein, war Angelpunkt zweier auffällig in stumpfem Winkel von knapp 40° aufeinandertreffender Limesstrecken. Ab hier verläuft die allgemeine Richtung des Limes annähernd nach Nordosten und zielt auf den über 35 km Luftlinie entfernten Hesselberg in Mittelfranken. Gleichzeitig verlässt der Limes hier im Welland die Talränder nördlich der Rems und zielt in die verkehrsgünstige Senke zwischen den Ellwanger Bergen im Norden und dem Härtsfeld im Süden. Interessanterweise führen die Sperranlagen des Limes jedoch nicht auf oder über die Kuppe des Kolbenberges, sondern bleiben knapp auf halber Höhe an seiner nördlichen Flanke. Man konnte sich offenbar die Mühe sparen, den Limes bis auf den Gipfel des Berges zu führen, schon von hier aus reichte der Blick über 7 km weit nach Nordosten bis zum Rande des Kochertals bei Hüttlingen.

## Die Trassierung des Limes

Dennoch darf man aufgrund der am Kolbenberg feststellbaren Richtungsänderung davon ausgehen, dass seine Kuppe bei der ersten Absteckung der Grenzlinie, also lange vor dem Bau der raetischen Mauer, als einer der Hauptvermessungspunkte eine wichtige Rolle spielte. Bei klarer Sicht oder mit Hilfe von Signalfeuern bei Nacht war von der Höhe des Kolbenberges aus der knapp 690 m hohe Hesselberg, die höchste Erhebung der Region, problemlos sichtbar. Die Tatsache, dass die schnurgerade trassierte Streckenführung des Limes mit Ausnahme des Abschnittes rund um die Jagstniederung am Limestor von Dalkingen an keiner Stelle von der direkten Linie zwischen den beiden markanten Höhen abweicht, darf sicherlich als Beleg dafür gesehen werden, dass die römischen Vermesser die grobe Richtung des Limes zunächst zwischen Kolbenberg und Hesselberg absteckten. Ausgehend hiervon verankerte man dann in einem zweiten Schritt mit Hilfe weiterer, sekundärer Messpunkte den Verlauf der Grenze auch auf den dazwischen liegenden 35 km.

Wir müssen uns daher vorstellen, dass im Bereich des Kolbenberges die frühesten Militäranlagen dieses Abschnitts der raetischen Grenze bestanden haben. Vermutlich haben wir es dabei noch nicht mit Kastellen zu tun, wie wir sie für die Kohorten der Hilfstruppen z. B. aus Böbingen oder Rainau kennen, vielmehr wird man wesentlich kleinere, nur kurzfristig besetzte Lager erwarten dürfen. Der Grenzverlauf musste ja erst noch fixiert werden, und geeignete Standorte für die dauerhafte Stationierung von rund 500 Soldaten pro Kastellplatz galt es erst zu finden. Vielmehr dienten diese ersten Lager

---

**Die Absteckung der Limeslinie**
Der Kolbenberg diente als einer der Hauptvermessungspunkte bei der Absteckung der Limeslinie im westlichen Raetien. Nachdem die Richtung des Limes mit Hilfe von Signalfeuern auf den Berghöhen über weite Distanzen hinweg festgelegt war, steckten die Vermesser den genauen Verlauf mit Hilfe von Fluchtstangen aus.

**Marking the Limes-line from Kolbenberg hill**
Kolbenberg was the main point of surveying on marking the Limes-line in Western Rhaetia. After they had fixed the general direction with the help of signal fires on the hill tops over some distance, the surveyors pegged (staked out) the precise course of the wall.

**Le tracé du Limes au Kolbenberg**
Le Kolbenberg était l'un des points de repères géographiques pour le tracé du Limes dans l'ouest de la Rhétie. Après avoir fixé la direction générale du parcours par des feux et signaux placés à grande distance de l'un à l'autre sur les sommets, les géomètres marquaient ensuite le tracé exact à l'aide de barres de repérage.

nur der Unterbringung und dem Schutz kleiner Truppeneinheiten, während diese mit dem Vermessen und Abstecken der Grenzlinie beschäftigt waren. Nachdem die Trassierung des Limes abgeschlossen war, hatten diese Lager ihre Aufgabe erfüllt und wurden von den Truppen aufgelassen. Ihre leichte Bauweise und die Tatsache, dass in diesen Lagern aufgrund ihrer kurzfristigen Nutzung nur wenig Fundmaterial in den Boden kam, macht archäologisch eine Entdeckung sehr schwierig. Vermutlich gibt es daher entlang des Limes noch zahlreiche weitere unentdeckte Militäranlagen dieses Typs.

### Eine Neuentdeckung

Interessanterweise ist nun vor kurzem nordöstlich von Mögglingen ein neues römisches Lager bekannt geworden. Bislang kennen wir von ihm lediglich den mittels geophysikalischer Messungen darstellbaren Grundriss. Die typische Spielkartenform, ein nach Südwesten ausgerichtetes Tor und ein umlaufender Wehrgraben verraten aber eindeutig, dass es sich um eine römische Militäranlage der Limeszeit handeln muss. Zu dieser Neuentdeckung sind momentan noch viele Fragen offen, die in der nächsten Zeit mit Hilfe weiterer archäologischer Untersuchungen geklärt werden müssen. Schon jetzt ist aber ersichtlich,

## RÖMISCHE LANDVERMESSUNG

Für das Militär, aber ebenso für die Zivilverwaltung in Italien und den Provinzen, war eine genaue Kenntnis über das Land und den Landbesitz unerlässlich. Römische Vermessungsingenieure, *mensores*, *agrimensores* oder *gromatici* genannt, steckten Straßenzüge und Wasserleitungen ab und legten Grundstücksgrößen fest. Aus ihrem Arbeitsbereich sind eine Vielzahl schriftlicher Quellen erhalten geblieben, die sich mit mathematischen, technischen oder juristischen Problemen der Landvermessung beschäftigen.

Der lateinische Ausdruck für das Vermessungswesen lautete *limitatio*. Auch das Wort *limes* war ursprünglich ein Ausdruck der römischen Landvermessung und bezeichnete einen Grenzweg oder -graben zwischen zwei Grundstücken, der nicht überpflügt werden durfte. Wir können davon ausgehen, dass die Römer eine gute Kenntnis über die Topographie der Landschaften des heutigen Südwestdeutschland hatten. Dies erkennen wir u. a. in der Platzierung der im 1. und 2. Jh. n. Chr. neu angelegten Militärplätze und der Trassierung der Grenzanlagen. Aus dem zivilen Umfeld sind kartographische Darstellungen mit Eintrag der Besitzverteilung des Landes nach Art unserer heutigen Katasterpläne erhalten. Das Militär beschäftigte sowohl für die Planung der Legionslager und Kastelle als auch für die Absteckung des Limesverlaufs eigene *mensores*. Diese waren als sogenannte *immunes* vom den normalen Dienstpflichten (lat. *munera*) eines Soldaten befreit.

dass das neu entdeckte Kleinkastell bei Mögglingen eher nicht für den Schutz des Limes gedacht war. Dazu liegt es zu weit abseits der (späteren) Wachttürme bzw. dem Verlauf der »Teufelsmauer«. Hingegen bietet sich von seinem Standort aus eine gute Sicht auf den Kolbenberg. Durchaus möglich wäre es daher, dass die Tätigkeit der einst hier stationierten Soldaten mit dem Kolbenberg in Zusammenhang stand.

### Der Kolbenberg in der Limeszeit

Die markante Kuppe des Kolbenbergs und seine deutliche Beziehung zum Limes hat schon verschiedentlich zu Überlegungen geführt, welche Rolle der Berg nach Abschluss der Vermessung und dem Bau des Limes gespielt hat. So wurde z.B. ein Turm auf seiner Kuppe vermutet, der als eine Art Signalstation für die Limesregion gedient haben könnte. Wegen der weithin reichenden Sichtbeziehungen dachte man auch an eine Art Bergheiligtum, das neben den Soldaten an der Grenze auch von Reisenden entlang der Limesstraße besucht worden sein könnte. Bislang sind jedoch keinerlei römische Funde oder Baustrukturen von der Kuppe des Berges bekannt geworden. Die einzigen Spuren sind die Reste der Limesmauer und eines zugehörigen Wachtturmes an seinem nordwärts gerichteten Hang. Auch die schon vor rund zehn Jahren zufällig entdeckten Bruchstücke einer bronzenen römischen Kaiserstatue, darunter eine markante Nase, stammen nicht vom Kolbenberg, sondern wurden in einer Entfernung von über einem Kilometer westlich der Berges auf der Gemarkung Mögglingen gefunden. Die Nase dürfte einst Teil einer lebensgroßen bronzenen Kaiserstatue aus dem frühen 3. Jh. n. Chr. gewesen sein. Wie im Rahmen eines noch nicht abgeschlossenen umfangreichen Forschungsprogramms zu römischen Großbronzen am Limes gezeigt werden konnte, standen derartige Statuen der jeweils regierenden Kaiser in den Zentralgebäuden der Kohorten- und Aalenkastelle in Obergermanien und Raetien. Allein im Ostalbkreis wären derartige Statuen daher in Lorch, Schwäbisch Gmünd, Böbingen, Aalen, Rainau-Buch und wohl auch in Halheim zu erwarten. Bekannt sind die auffälligen Bruchstücke einer gerüsteten Kaiserstatue vom Limestor bei Dalkingen. Aber auch in Heidenheim, dem antiken *Aquileia*, das als Verwaltungszentrum im Limeshinterland eine Rolle spielte, wären derartige Bronzestatuen gut denkbar.

### Die Bronzenase aus Mögglingen

1997 wurde westlich des Kolbenberges eine annähernd lebensgroße Bronzenase gefunden. Sie stammt von einer Kaiserstatue, vermutlich des im März 235 n. Chr. in der Nähe von *Mogontiacum*/Mainz von seinen Soldaten ermordeten Kaisers Severus Alexander.

### A bronze nose from Moegglingen

This is a very special find at the Rhaetian Limes near Moegglingen. Cast in bronze it probably belonged to an ancient statue of an emperor (Severus Alexander 208–235 A.D.).

### Le nez en bronze de Mögglingen

Un fragment bien particulier trouvé sur le Limes rhétique près de Mögglingen. Il est en bronze et appartenait vraisemblablement à la statue antique d'un empereur romain placée sur le site du Limes.

### Literatur

Reichs-Limeskommission (Hg.), Der obergermanisch-raetische Limes des Roemerreiches, Abt. A Strecke 12 (Der raetische Limes von Haghof bei Welzheim bis zur württembergisch-bayerischen Grenze) 1935.

Ursula Heimberg, Römische Landvermessung. Kleine Schriften zur Kenntnis der römischen Besetzungsgeschichte Südwestdeutschlands Nr. 17. (Stuttgart) 1977.

Martin Kemkes, Das Bild des Kaisers an der Grenze. Ein neues Großbronzefragment vom Raetischen Limes, in: Andreas Thiel (Hg.), Neue Forschungen am Limes. Beiträge zum Welterbe Limes 3 (Stuttgart) 2008, 143–144.

EIN STEINERNES ABBILD RÖMISCHER MACHT
# DAS KASTELL AALEN MIT SEINEM STABSGEBÄUDE

**Martin Kemkes**

Mit einer Fläche von sechs Hektar ist das Aalener Kastell das größte römische Reiterlager nördlich der Alpen und die größte Militäranlage am gesamten obergermanisch-raetischen Limes. Von etwa 160–260 n. Chr. waren hier die tausend Reitersoldaten der *Ala II Flavia* stationiert. Die Soldaten übernahmen aufgrund ihrer hohen Mobilität zentrale Aufgaben, kontrollierten das gesamte Vorfeld des raetischen Limes oder waren zum Statthalter nach Augsburg abkommandiert. Bei den Ausgrabungen wurden die monumentalen Reste des Stabsgebäudes *(principia)* freigelegt, das in seinen Dimensionen die Bedeutung der Einheit und des Kastells dokumentiert. Die restaurierten Grundmauern sind heute hinter dem Limesmuseum im Archäologischen Park zugänglich.

## A REFLEXION OF ROMAN IMPERIAL POWER
## AALEN FORT AND ITS HEADQUARTER BUILDING

Aalen fort is the biggest Roman equestrian camp north of the Alps. It covers an area of six hectares. Moreover it is the biggest military installation along the Upper Germanic-Rhaetian Limes. Between 160 and 260 A.D. the Romans stationed one thousand cavalrymen, called the *Ala II Flavia*. This troop of high mobility had central tasks of control. They had to report to the governor at Augsburg. When the monumental remains of the headquarters building *(principia)* were excavated, historians came to understand the importance of this military unit and its fort. Today the foundation walls are accessible to the public in the Archaeological Park behind Aalen Limes Museum.

## SYMBOLE DE PIERRE DE LA PUISSANCE ROMAINE
## LE CASTEL D'AALEN AVEC SON BÂTIMENT D'ÉTAT

Avec ses 6 hectares, le castel d'Aalen est la plus grande garnison de cavalerie au nord des alpes et le camp militaire le plus important de tout le Limes germano-rhétique. De 160 à 260, les 1000 cavaliers de la *Ala II Flavia* y étaient stationnés. De par leur mobilité, ils pouvaient remplir des missions de première importance comme le contrôle de tous les avants du Limes rhétique ou l'escorte et la protection du gouverneur à Augsbourg. Les fouilles ont permis de dégager les restes monumentaux du bâtiment d'état-major *(principia)* qui illustrent bien l'importance du castel et de sa garnison. Après leur restauration, les murs de base situés derrière le musée du Limes dans le parc archéologique sont désormais accessibles au public.

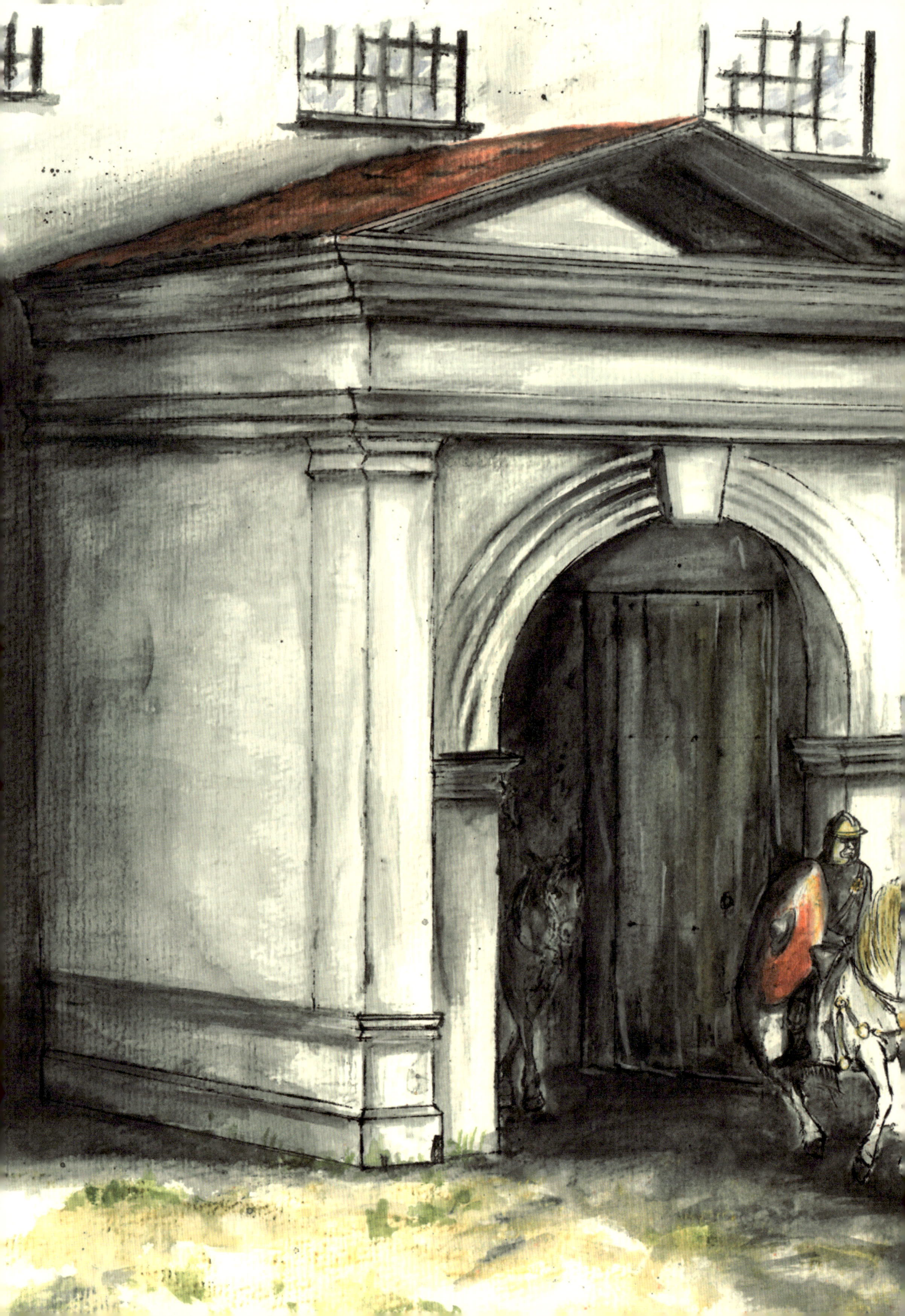

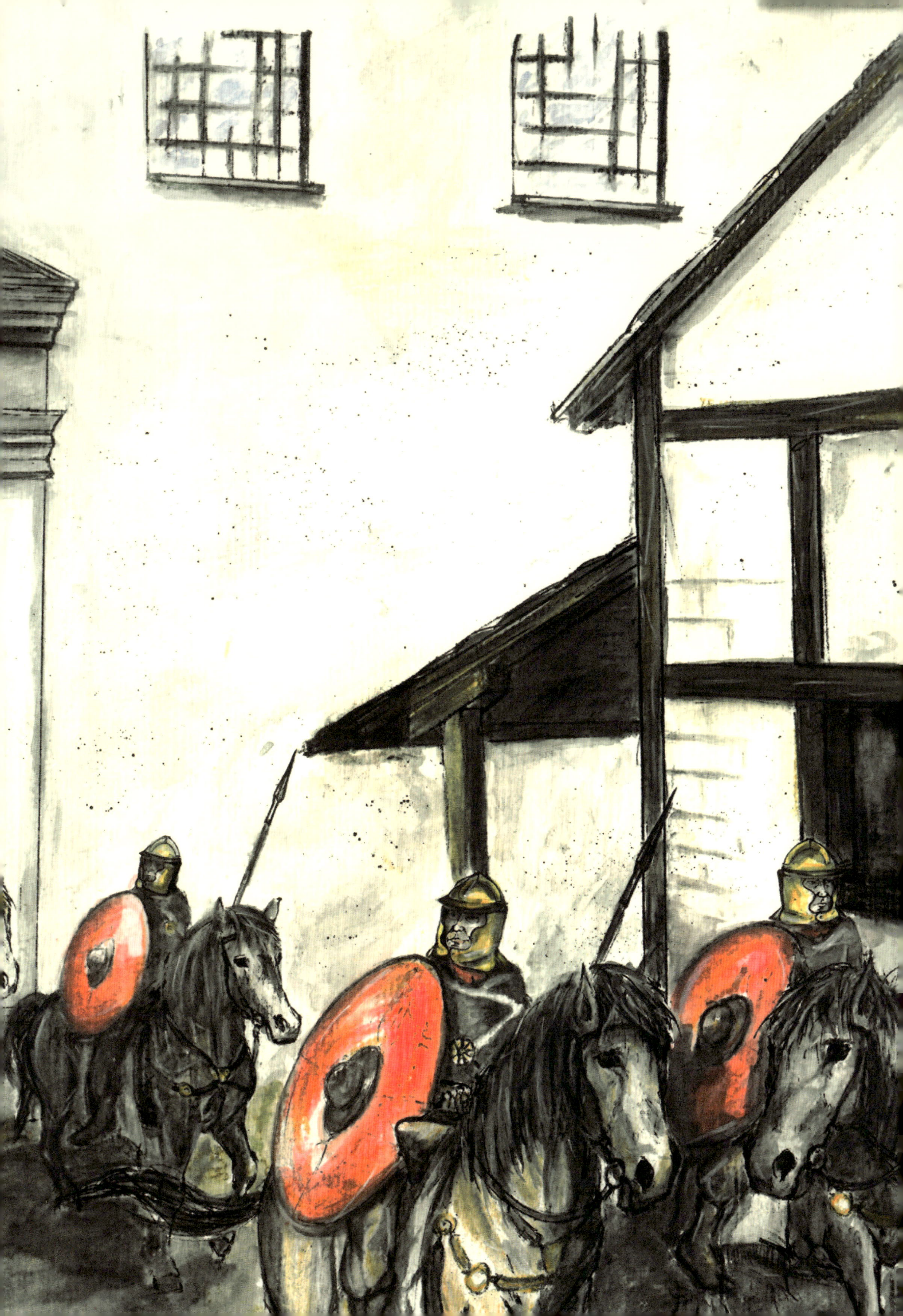

# EIN STEINERNES ABBILD RÖMISCHER MACHT
# DAS KASTELL AALEN MIT SEINEM STABSGEBÄUDE

Im Bereich des heutigen Aalens kreuzte der von Westen nach Osten verlaufende Limes eine wichtige Straße. Diese führte nach Süden über die Schwäbische Alb durch das Kocher- und Brenztal in Richtung Donau und weiter zur raetischen Provinzhauptstadt nach Augsburg. Nach Norden verlief eine alte Handelsroute über den Limes bei Rainau-Dalkingen hinaus in Richtung Main. Aufgrund dieser verkehrstopografisch günstigen Lage bot es sich für die römische Armee an, genau an diesem Ort eine schnelle Eingreiftruppe zu stationieren, die den ganzen Westteil der Provinz Raetien, aber auch das gesamte Vorland des Limes bis zum Main kontrollieren konnte. Diese Aufgabe übernahm die *Ala II Flavia*, eine 1000 Mann starke Reitereinheit, die Ende des 1. Jhs. n. Chr. zunächst in Günzburg an der Donau lag, dann ab 110 n. Chr. in Heidenheim stationiert war und nun um 160 n. Chr. nach Aalen verlegt wurde. An zentraler Stelle des Aalener Talkessels, oberhalb des heutigen Stadtzentrums und der Einmündung des Aalbaches in den Kocher, errichtete die Einheit auf einem nach Nordosten abfallenden Plateau ihr Standlager. Mit einer Innenfläche von 6,07 ha und Seitenlängen von 277 × 214 m ist es das größte Kastell am gesamten Limes und das größte römische Reiterlager nördlich der Alpen.

## Die Erforschung des Kastells

Die Erforschung des Kastells begann 1894–95 mit den Grabungen der Reichs-Limeskommission, wobei die Umwehrung mit vier Doppeltoren, Ecktürmen und 12 Zwischentürmen sowie Teile des Stabsgebäudes untersucht wurden. 1962 erfolgte im Zuge der Errichtung des Limesmuseums die Ausgrabung des linken Lagertors, dessen Grundmauern noch heute vor dem Museum zu besichtigen sind.

Der gesamte vordere Teil des Kastells mit den Kasernenbauten liegt unter dem heutigen Sankt Johann Friedhof. Weite Teile des hinteren Lagerareals sind in den 20er Jahren des 20. Jahrhunderts überbaut worden. Aufgrund dieser Situation konnten bisher keine Kasernenbauten archäologisch untersucht werden. Die Rekonstruktion der etwa 84 m langen und 24 m breiten Doppelkasernen erfolgte nach den Ausgrabungen im Vorgängerkastell Heidenheim. Der mittlere Lagerstreifen konnte dagegen bis in die 70er Jahre des vorigen Jahrhunderts von Bebauung freigehalten werden und wurde 1976 dauerhaft als archäologische Zone gesichert. Im Zuge der Erweiterung des Limesmuseums von 1978–1981 und anschließend bis 1986 wurde dann das gesamte Stabsgebäude archäologisch untersucht und anschließend in seinen Grundmauern konserviert. Es ist heute im Archäologischen Park hinter dem Museum zu besichtigen. Mit einer Grundfläche von ca. 70 × 60 m und einer mächtigen etwa 20 m hohen Vorhalle über der Lagerhauptstraße gehört es zu den größten seiner Art. Die beim Bau verwendeten Eichenhölzer ließen

**Ein steinernes Abbild römischer Macht**
Die 20 m hohe Vorhalle des Stabsgebäudes überspannt auf 70 m Länge die *via principalis*. Die Reiter können in dieser Halle auch bei schlechtem Wetter exerzieren. Einige Reiter verlassen gerade in vollständiger Ausrüstung das Gebäude in Richtung Haupttor und reiten vorbei an ihren Reiterkasernen links und rechts der Straße.

**A reflection of Roman imperial power**
The entrance hall (20 m high) covers the *via principalis* at a length of 70 m. The hall was large enough for the cavalrymen to practice with their horses in it, even during bad weather. In the picture you see the fully equipped cavalrymen heading for the main gate and passing their barracks.

**Symbole du pouvoir romain**
Une galerie d'entrée qui recouvre la «via principalis» sur 70 m de longueur, laquelle rejoint à cet endroit la «via praetoria» venant du portail principal. Dans cette galerie, les cavaliers peuvent s'exercer, même par mauvais temps. Quelques cavaliers en armure sont en train de quitter le bâtiment et passent devant leurs casernes situées droite et à gauche de l'avenue.

# VON DER SCHREIBSTUBE ZUR FAHNENWACHE – DAS STABSGEBÄUDE ALS ARBEITSPLATZ

Das monumentale Stabsgebäude war nicht nur architektonisch der Mittelpunkt des Kastells, sondern vor allem auch der religiöse Mittelpunkt des Lagers und Sitz der Verwaltung. Im Fahnenheiligtum wurden die Feldzeichen der Einheit verwahrt, wozu auch Bildnisse des oder der regierenden Kaiser(s) gehörten. Diese *signa* und *imagines* genossen eine quasi-religiöse Verehrung und standen symbolhaft für den Korpsgeist der Einheit, die Verehrung des Kaiserhauses und die Identität der Soldaten. Die Bedeutung des Fahnenheiligtums wurde in den Kastellen noch zusätzlich dadurch gesteigert, dass hier in einem Keller *(ad signas)* die Truppenkasse aufbewahrt wurde. In einem Zitat des Vegetius (2, 19–20) wird der Sinn und Zweck dieser Verbindung überdeutlich: »Ein Soldat, der weiß, dass sein Vermögen bei den Signa aufbewahrt wird, denkt nicht ans Desertieren, hält sie in besserer Achtung und kämpft tapfer zu ihrer Verteidigung, wie es der menschlichen Natur entspricht.«

Vor diesem Hintergrund war die durchgehende Fahnenwache bei Tag und bei Nacht eine der vornehmsten Tätigkeiten der Soldaten innerhalb des Stabsgebäudes, wobei rund ein Viertel aller Soldaten einer Truppe regelmäßig dazu abkommandiert wurde. Überliefert sind dabei jeweils Wachabteilungen von rund 10 Soldaten, die von einem diensthabenden *centurio* bzw. *decurio* geleitet wurden und zu denen sowohl Unteroffiziere *(principales)* als auch einfache Soldaten *(miles oder eques)* gehörten.

Die Verbindung der Feldzeichen mit der Truppenkasse drückt sich ebenfalls in den sonstigen Tätigkeiten der Feldzeichenträger aus. Diese waren auch ganz real als Kassenwarte für die Buchführung zuständig und hatten deshalb im Stabsgebäude ihre Amtsstube. Die Verwaltung der Gelder umfasste dabei vor allem die Verrechnung des individuellen Soldes der einzelnen Soldaten, wobei Beträge für Essen, Kleidung, Ausrüstung und Waffen abgezogen wurden und nur der Rest als individuelle Ersparnis dem *depositum* der Truppe zugeführt wurde. Ausgrabungen in den Fahnenheiligtümern zeigen aber auch, dass in der »Truppenkasse« nicht nur Geld, sondern auch wertvoller Metallschrott verwahrt wurde, so wie in Aalen die über tausend Bronzefragmente einer oder mehrerer Kaiserstatuen.

Die im Stabsgebäude untergebrachte Verwaltung des Lagers, angefangen von der Organisation des täglichen Dienstbetriebes bis hin zur Versorgung der Einheit mit Lebensmitteln, Tieren und Gerätschaften, unterstand dem *officium* des Kommandeurs der Einheit, in Aalen dem *praefectus alae*. Bei der Größe der Einheit war dieses Büro sicher in mehrere Unterbüros für verschiedene Bereiche aufgegliedert, die wiederum einzelnen Unteroffizieren unterstanden. In der Regel handelte es sich dabei um Hornbläser *(cornicularii)*, denen jeweils eine Anzahl von Schreibern *(librarii)* zugeordnet waren. Alle Soldaten, die in der Verwaltung arbeiteten, waren als sogenannte *immunes* von den normalen Dienstaufgaben *(munera)* befreit, weshalb diese Tätigkeiten sehr begehrt waren. Das *officium* der in Aalen stationierten 1000 Mann starken *Ala II Flavia* wird sicher mindestens 50 Soldaten umfasst haben. Zusammen mit den *decuriones* als Anführer der 24 *turmae* und der täglichen Fahnenwache werden so zwischen 50–70 Personen im Stabsgebäude gearbeitet haben.

sich dendrochronologisch auf etwa 160 n. Chr. datieren. Dieses Datum korrespondiert mit einer Bauinschrift aus dem Jahr 163/164 n. Chr., wodurch die Gründung des Kastells und damit auch der gesamten Siedlung in dieser Zeit gesichert ist.

Eine letzte Ausgrabung im Kastellbereich erfolgte schließlich im Jahr 2004 direkt neben dem Museum, wobei die Überreste zweier länglicher (Magazin-?) Gebäude freigelegt wurden.

### Das Stabsgebäude

Der monumentale Gebäudekomplex des Stabsgebäudes (*principia*) unterstreicht auf sehr eindrucksvolle Weise die Bedeutung der hier stationierten 1000 Mann starken Reitereinheit *Ala II Flavia*.

Der im Plural verwendete lateinische Begriff *principia* weist darauf hin, dass es sich bei den römischen Stabsgebäuden eigentlich um mehrere annähernd selbstständige Gebäudeteile handelt, was sich gerade an dem Aalener Beispiel auch deutlich ablesen lässt. Klar zu unterscheiden sind hier die monumentale Vorhalle über der via *principalis*, der offene Hof mit den anschließenden offenen Hallen bzw. Portiken (*porticus*) und schließlich die hintere Raumreihe mit dem zentralen Fahnenheiligtum.

Bei der ca. 65 × 22 m großen Vorhalle lassen sich drei Bauphasen unterscheiden. In ihrer ersten Phase errichteten die Römer entlang der *via principalis* eine Pfostenreihe, die auf eine eher kurzfristige Überdachung der Straße hinweist. Als zweite Bauphase lässt sich dann bereits eine massive hölzerne Vorhalle in den Ausmaßen des späteren Steinbaus nachweisen. Das statische Gerüst bildeten große vierkantige Eichenpfosten mit einer Seitenlänge von 40 × 40 cm, die auf 6–9 cm dicken Eichenbohlen gestellt worden waren, um den Druck der Holzpfosten zu verteilen. Die Dendrodaten dieser Hölzer ergaben ein Fälldatum von 160 n. Chr. (+/- 10 Jahre). Diese Datierung passt genau zu der ältesten Bauinschrift des Kastells, die in der Querhalle des Gebäudes gefunden wurde und in das Jahr 163/164 n. Chr. datiert. Zu einem späteren Zeitpunkt wurde die hölzerne Vorhalle (wegen Baufälligkeit?) niedergelegt und durch eine steinerne Halle ersetzt. Deren vier, rund 5–6 m breiten Eingänge auf die *via principalis*, zur *via praetoria* und in den Innenhof weisen etwa 4 m vorspringende Mauern auf, die zu architektonisch mit Giebeldächern hervorgehobenen Vorbauten zu ergänzen sind. Nach Fragmenten mehrerer Bauinschriften aus dem Jahr 208 n. Chr. könnte die steinerne Vorhalle in diesem Jahr errichtet worden sein. Mit einer Gesamtfläche von etwa 1430 m² bot die Vorhalle genügend Platz, um hier zu jeder Jahreszeit Waffen- und Reitübungen sowie größere Appelle abzuhalten.

**Gesichtshelm eines Reitersoldaten**

Der eiserne Helm besteht aus zwei Teilen, die auf dem Scheitel durch ein Scharnier verbunden waren. Der den ganzen Kopf umschließende Helm imitiert mit seiner lockigen Frisur ein Portrait Alexander des Großen. Solche Helme wurden allerdings nicht im Kampf, sondern bei Turnieren und Paraden getragen.

**A cavalryman's face helmet**

The helmet made of iron consists of two parts which are linked by hinges. The curly hairstyle imitates a portrait of Alexander the Great. Such helmets were only used during parades and tournaments.

**Casque protège-visage d'un soldat de cavalerie**

Le casque en acier comprend deux parties réunies au sommet par une charnière. Le casque qui entoure toute la tête imite la chevelure frisée d'Alexandre le Grand. Ces casques n'étaient pas utilisés pour le combat, mais pour les parades et les tournois.

### Der offene Innenhof

Der offene Innenhof des Gebäudes hat eine Fläche von 22 × 24 m (528 m²). Im Zentrum wurde eine etwa 1 × 2 m große Fundamentierung nachgewiesen, die als Unterlage eines Altares oder vielleicht eher eines Statuensockels gedient haben könnte. Weiterhin konnten hier die Reste eines Nymphaeums nachgewiesen werden, in dem wahrscheinlich eine Neptunstatue stand, was auf die religiös überhöhte Bedeutung des (Trink-)Wassers für die römische Armee verweist. In den gleichen Kontext gehört auch der Brunnen in der Ostecke des Hofes. Dessen Hölzer lieferten ein weiteres Dendrodatum von 168 n. Chr. (+/- 10 Jahre), das wiederum gut mit den Hölzern der Vorhalle und der ältesten Bauinschrift harmoniert.

Auf drei Seiten wird der Innenhof von etwa 10,6 m breiten Räumen umgeben, die als offene Portiken mit nach innen abgeschrägten Pultdächern zu ergänzen sind. Die sogenannte Querhalle *(basilica)* vor der hinteren Raumreihe war dabei in Aalen architektonisch nicht besonders hervorgehoben. Sie diente für Gerichtsverhandlungen und Appelle. Im Bereich der Querhalle fanden sich über 220 Fragmente von rund 16 Bau-, Ehren- und Weihe-Inschriften. Der Großteil von ihnen wird wahrscheinlich vor der Rückwand der Querhalle bzw. der Außenwand der hinteren Raumreihe aufgestellt bzw. in diese eingemauert gewesen sein.

Der westliche Abschluss des Stabsgebäudes unterscheidet sich in seiner eher kleinteiligen Raumgliederung grundsätzlich von der bisher besprochenen Vorhalle und dem Innenhof mit seitlichen Portiken. Waren diese für größere Personenzahlen konzipiert, so finden sich hier Räume von ca. 30–50 m², die als Versammlungsräume kleinerer Gruppen oder eben als Büros bzw. Schreibstuben dienten und in denen der Verwaltungsstab der Einheit arbeitete. Zwei schmale Flure bzw. Treppenhäuser deuten dabei an, dass dieser Gebäudeteil wahrscheinlich zweigeschossig war.

### Das Fahnenheiligtum

In der Mitte lag das Fahnenheiligtum, der religiöse und ideelle Mittelpunkt des Lagers bzw. der ganzen Einheit. Von der Querhalle führten Treppenstufen in das eigentliche Heiligtum mit einer Grundfläche von 7,5 × 7,5 m und einer knapp 5 m tiefen Apsis. Darunter befand sich ein Keller von etwa 4,5 × 7,5 m, der von oben über eine Holzleiter zu begehen war. Hier wurde das Geld- und Wertdepot der Einheit, die sogenannte Truppenkasse aufbewahrt. Aus der Verfüllung des Kellers konnten zahlreiche Funde geborgen werden: 32 Silbermünzen, ein Gold- und ein Silberreifen *(armillae)*, die als Auszeichnungen verliehen und an den Feldzeichen aufgehängt wurden, das Fragment einer bronzenen Kultstandarte für *Iupiter Dolichenus*, ein kleiner Bronzeadler und schließlich rund 1000 Bronzefragmente von einer oder mehreren Kaiserstatuen.

Beiderseits des Fahnenheiligtums wurden jeweils fünf Räume nachgewiesen. Auf der rechten Seite folgt zunächst ein annähernd quadratischer Raum, der von der Querhalle über eine breite Treppe betreten werden konnte. Mit einer Fußbodenheizung, einem Estrich mit Viertelrundstab und weiß verputzten Wänden war er repräsentativ ausgestattet. Er könnte als Versammlungsraum eines *collegium*, z. B. der 40 *decuriones* der *ala* gedient haben. Die weiteren Räumlichkeiten weisen zum Teil ebenfalls Fußbodenheizungen auf und dienten wohl hauptsächlich als Schreibstuben.

**Literatur**

Heinrich Steimle in: Reichs-Limeskommission (Hg.), Der obergermanisch-raetische Limes des Roemerreiches, Abt. B 66 Kastell Aalen, 1897.

Manfred Clauss, Lexikon lateinischer militärischer Fachausdrücke. Schriften des Limesmuseums Aalen 52 (Stuttgart) 1999.

Dieter Planck, Aalen, Kastell für 1000 Reiter. In: Dieter Planck (Hg.), Die Römer in Baden-Württemberg (Stuttgart) 2005, 9–18.

Martin Kemkes und Markus Scholz, Das Römerkastell Aalen. UNESCO-Welterbe. Die Limesreihe, Schriften des Limesmuseums Aalen 58 (Stuttgart) 2012.

## DIE QUERUNG DES KOCHERS
# DER LIMES BEI HÜTTLINGEN

**Martin Kemkes**

Etwa vier bis fünf Kilometer nördlich des großen Reiterkastells in Aalen durchzieht der Limes von Südwesten nach Nordosten das Hügelland, das bei Hüttlingen durch das rund 90 m tief eingeschnittene Kochertal unterbrochen wird. Auf beiden Seiten des Tales konnten Ende des 19. Jahrhunderts auf den Hochflächen zwei Wachttürme (WP 12/68 und WP 12/70) nachgewiesen werden, die wohl untereinander Sichtverbindung hatten. Ein weiterer Turm (WP 12/69) wird in der Talniederung zur Sicherung der Flussquerung wie auch eines zu vermutenden Weges über den Limes gelegen haben. Im Flussbett des Kochers fanden sich noch Reste von Eichenpfosten einer Brücke oder Absperrung.

## CROSSING RIVER KOCHER – LIMES NEAR HÜTTLINGEN

About five kilometres north of Aalen fort Limes passes through the hilly countryside of Hüttlingen. All of a sudden it is cut through by river Kocher – about 90 metres deep. At the end of the 19th century the existence of two watchtowers (WP 12/68 and WP 12/70) could be proved on both sides of the plateau. They were probably in eye contact with each other. A further watchtower (WP 12/69) is supposed to have been at the river crossing for security reasons. In the riverbed they found some remains of oak posts which may have belonged to a bridge or a barrier.

## LA TRAVERSÉE DU KOCHER – LE LIMES À HÜTTLINGEN

À environ quatre à cinq kilomètres au nord du grand Castel de cavalerie de Aalen, le Limes traverse de sud-ouest en nord-est une chaîne de collines interrompue à Hüttlingen par la vallée du Kocher, profonde à cet endroit de 90 m. A la fin du 19ème siècle, on a découvert que 2 tours de garde (WP 12/68 et WP 12/70) ayant vue l'une sur l'autre se trouvaient sur les hauteurs des deux côtés de la vallée. On suppose qu'une autre tour (WP 12/69) se trouvait au fond du vallon afin de contrôler la traversée de la rivière ainsi qu'un chemin qui devait se trouver au dessus du Limes. Dans le lit du Kocher, on a trouvé des restes de rondins en chêne qui appartenaient à un pont ou à un barrage.

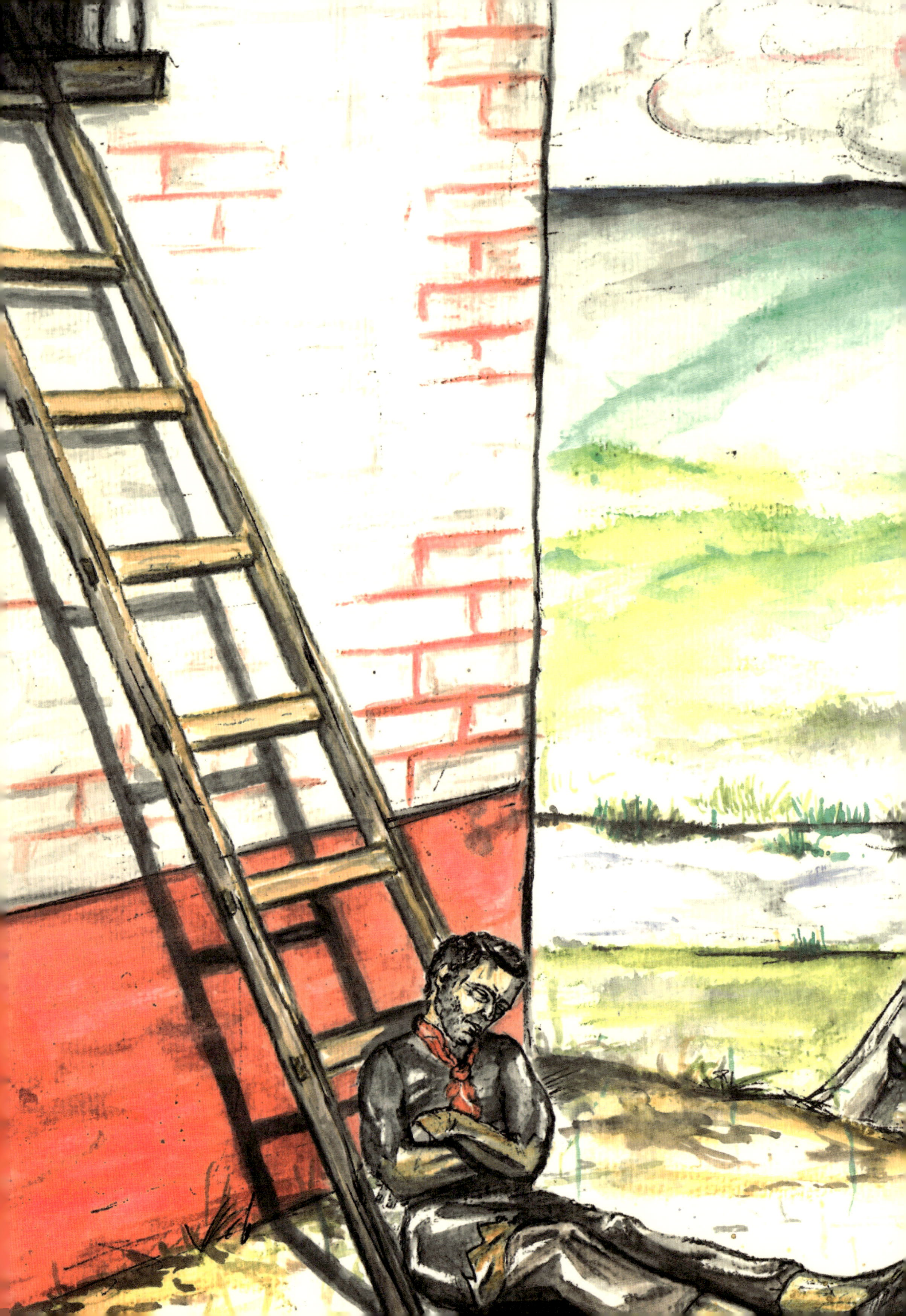

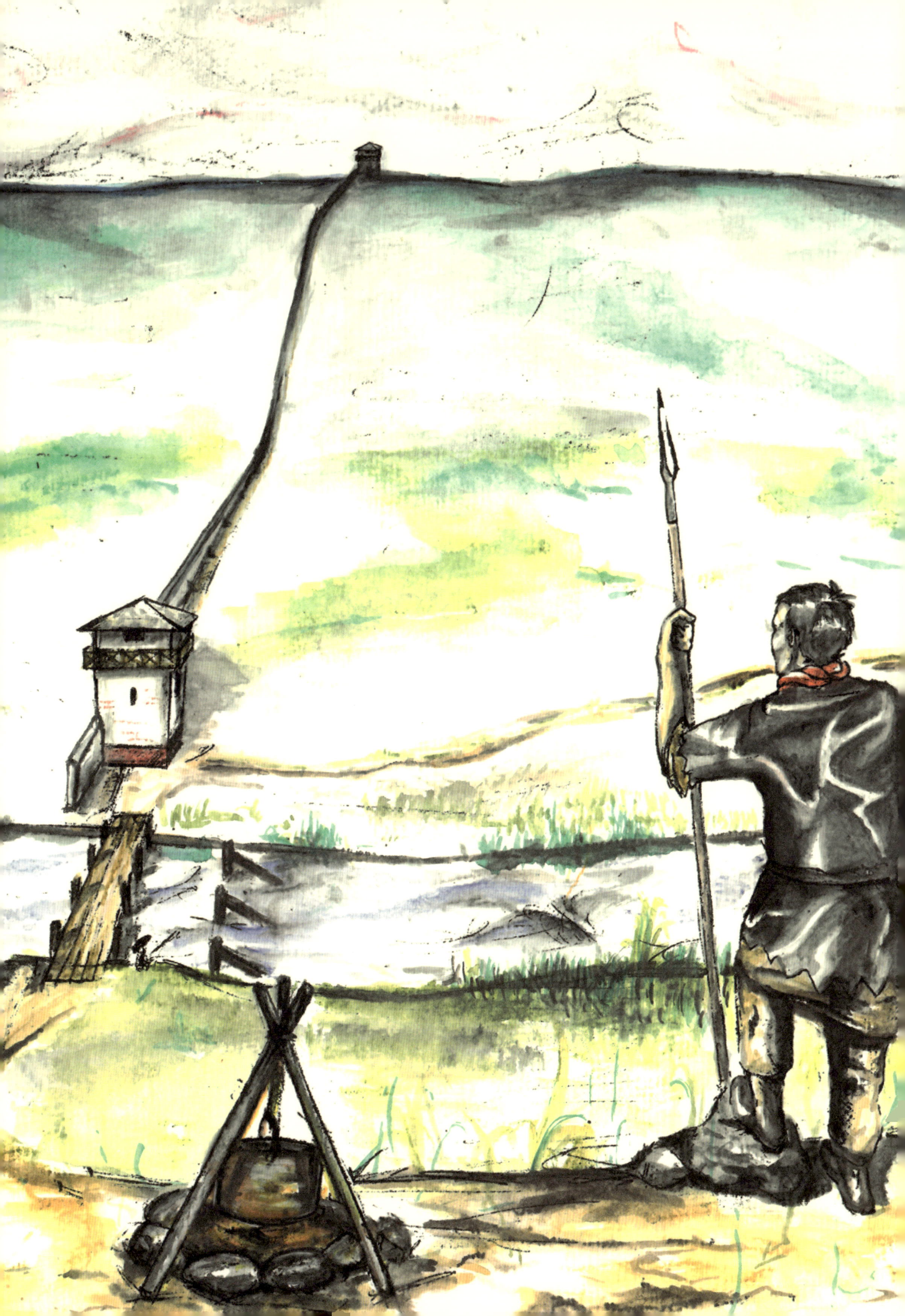

# DIE QUERUNG DES KOCHERS DER LIMES BEI HÜTTLINGEN

Auf einer Länge von 8 km durchzieht der Limes in einer schnurgeraden Linie vom Kolbenberg bei Mögglingen bis zum Kochertal bei Hüttlingen das Hügelland nördlich von Aalen. Entlang dieser Strecke wurden durch die Reichs-Limeskommission sieben Wachtturmstellen nachgewiesen und weitere acht ergänzt (Wachtposten WP 12/54–68). Die letzten drei Türme vor dem Kochertal (Wachtposten WP 12/66–68) zwischen Seitsberg und Hüttlingen liegen in einem Abstand von etwa 500 m voneinander entfernt und hatten untereinander Sichtverbindung. Der gerade Limesverlauf wird hier noch heute durch den an der Waldkante verlaufenden Weg markiert.

Auf der nordöstlichen Kocherseite sind auf der rund 5 km langen Strecke bis zur Jagst bei Rainau-Schwabsberg nur drei Wachttürme sicher nachgewiesen (Wachtposten WP 12/70, 75 und 77) und sechs weitere ergänzt. Die Verbindung zwischen den Türmen Wachtposten WP 12/75 und Wachtposten WP 12/77 im Mahdholz bei Rainau-Buch erscheint dabei als annähernd gradlinige Fortsetzung des Limesabschnitts südwestlich des Kochers. Diese Flucht wird dann auch nordöstlich der Jagstniederung wieder aufgenommen und bis zum Kastell Halheim fortgeführt. Damit lässt sich an diesem Limesabschnitt über rund 24 km vom Kolbenberg im Südwesten bis nach Halheim im Nordosten eine einheitliche gerade Vermessung des Limes nachweisen. Markante Abweichungen von dieser Linie finden sich jeweils im Bereich der Flussquerungen von Jagst und Kocher, wo die feuchte Flussniederung der Jagst bzw. das steil eingeschnittene Kochertal eine individuelle Trassierung des Limes erforderlich machte.

### Ein Knick in der Limeslinie

Im Bereich des Kochertales kann ein Knick in der Limeslinie durch die Wachtturmstelle WP 12/70 auf der Nordseite des Tales nachgewiesen werden. Schon bei den Begehungen der Reichs-Limeskommission Ende des 19. Jhs. wurden hier auf dem Kaiberg anhand der noch vage sichtbaren Mauerreste sowohl ein Wachtturm (WP 12/70) als auch der Knick der Limesmauer vermutet. Gewissheit brachten allerdings erst moderne geomagnetische bzw. geoelektrische Untersuchungen der Stelle im Jahr 2011. Dabei ließen sich zwar eindeutig, wenn auch in schlechter Erhaltung, sowohl der steinerne Wachtturm als auch die Limesmauer nachweisen. In spektakulärer Klarheit traten jedoch im Magnetogramm die Reste eines hölzernen Wachtturmes sowie der Palisadengraben, einschließlich des vermuteten Knicks, zutage. Mit diesem Befund verdichtet sich nun das Bild, dass auch am westraetischen Limesabschnitt zwischen dem Rotenbachtal bei Schwäbisch Gmünd und dem Kastell Halheim, wie auch an den östlichen Limesabschnitten Richtung Donau, mit einer zunächst höl-

---

**Ein Fluss verlässt das Römische Reich**

Wasser kennt keine Grenzen – und so stellten die Bach- und Flussquerungen am Limes für die Römer eine besondere Herausforderung dar. Dies gilt auch für den Kocherübergang bei Hüttlingen. Auch wenn keine eindeutigen Zeugnisse mehr vorliegen, könnte die römische »Talsperre« am Kocher so ausgesehen haben.

**A river leaves the Roman empire**

Water knows no frontiers! Therefore the crossing of brooks and rivers was a tremendous challenge to Roman engineers. This applies to the crossing of river Kocher near Hüttlingen in particular. Although we have no evidence, the Roman Kocher dam might have looked this way.

**Une rivière quitte l'empire romain**

L'eau ne connaît pas de frontière, ce qui fait que la traversée de cours d'eau et de fleuves représentait toujours un problème pour le Limes. C'était le cas du Kocher à Hüttlingen. Même s'il n'existe plus de preuves tangibles aujourd'hui, on suppose que telle était l'allure du barrage romain sur le Kocher.

# BACH- UND FLUSSQUERUNGEN AM LIMES

So wie im Bereich des Kochertals durchschnitt der Limes auf seiner 550 km langen Strecke zwischen Rhein und Donau zahlreiche Fluss- und Bachtäler. Eine komplette Abriegelung war hier wegen des Wasserflusses nicht möglich, wobei immer auch Rücksicht auf mögliche Hochwasser genommen werden musste. Am raetischen Limes konnten dabei an zwei Stellen in Bayern durch die Reichs-Limeskommission umfangreiche Befunde beobachtet werden, die das mögliche Spektrum der architektonischen Lösungen illustrieren und die in ähnlicher Form auch im Kochertal vorhanden gewesen sein dürften.

### Die Altmühl bei Gunzenhausen

Bei Gunzenhausen überschritt der Limes die Altmühl, deren genauer Verlauf in der Römerzeit allerdings nur schwer zu rekonstruieren ist. Die Limesmauer weist hier im Bereich der rund ein Kilometer breiten Flussniederung eine Lücke von rund 50 m für den Durchlauf des Flusses auf, der hier anscheinend in mehrere Arme aufgefächert dahinfloss. Die Mauerenden waren besonders bearbeitet, so dass es sich bei dem nachgewiesenen Befund wirklich um ihr Ende und nicht um einen zufälligen Erhaltungszustand handelt. Der rund 3–4 m breite, geschotterte Begleitweg der Mauer führt dabei als ausgebaute Furt durch den Fluss hindurch, deren Trasse anscheinend noch bis in das 17. Jh. hinein benutzt wurde. Im Bereich des Flusses fanden sich zwischen den Mauerenden die Überreste mehrerer Pfahlsetzungen, u.a. ein rund 1 m breiter und 7,7 m langer Pfahlrost, der von den Ausgräbern als Unterkonstruktion eines »Blockhauses«, evtl. als Anlegestelle für Kähne, interpretiert wurde. Anders als die jüngere Limesmauer, war die ältere Holzpalisade weiter an den Fluss herangebaut worden, wobei nur eine rund 8,5 m breite Lücke gemessen wurde. Auch hier waren die Enden mit besonders mächtigen Pfosten hervorgehoben bzw. konstruktiv gesichert. Westlich und östlich dieses Hauptdurchganges fanden sich jedoch mindestens zwei weitere, ca. 4 m breite Unterbrechungen in der Palisade, um bei möglichen Hochwassern den Wasserablauf zu gewährleisten.

### Die Sulzach bei Wittelshofen

Am Durchfluss der Sulzach bei Wittelshofen, die hier ebenfalls eine breite Flussaue besitzt, war die Limesmauer auf einer Breite von 38 m unterbrochen. Allerdings gab es hier keine Furt durch den Fluss, sondern der Begleitweg wurde über einen Steg in der Flucht der Mauer über den Fluss geführt. Die Pfostenstützen des Steges konnten hier in regelmäßigen Abständen von 3 m nachgewiesen werden. Auch hier trafen die Römer Vorkehrungen gegen mögliche Hochwasser des Flusses. So bestand die Limesmauer auf beiden Seiten des Flusses auf den letzten 7 m im unteren Bereich aus großen, auf Lücke gesetzten Quadern, zwischen denen das Hochwasser hindurchfließen konnte.

Grundsätzlich hat es den Anschein, dass die Römer bei der Konstruktion der Fluss- bzw. Bachübergänge größeren Wert auf den auch bei Hochwasser tauglichen Wasserabfluss sowie eine möglichst bequeme Überquerung des Baches oder Flusses für die Soldaten legten, als auf eine »lückenlose« Überwachung gegen Eindringlinge von außerhalb des Limes.

zernen Bauausführung der Limesanlage zu rechnen ist. Dies würde dann auch wieder für eine Gesamtplanung bei der Errichtung des raetischen Limes sprechen.

### Der Limesverlauf im Kochertal

Die Querung des eigentlichen Flusstales mit seinen steilen Hängen stellte für die römischen Bautrupps sicher eine besondere Herausforderung dar. Dies gilt vor allem für die auf beiden Seiten fast senkrecht abstürzenden, mehrere Meter hohen Liaskanten, in deren Bereich deshalb die Mauer bzw. die Palisade wohl unterbrochen war. In den flacheren Partien der Talhänge konnte die Mauer dagegen von der Reichs-Limeskommission immer wieder nachgewiesen werden und lässt sich auch heute noch auf der südlichen Talseite, nordöstlich von Wachtposten WP 12/68, erkennen. Wahrscheinlich waren auch im Kochertal seitliche Verstrebungen an die Mauer gesetzt, wie sie im Rotenbachtal bei Schwäbisch Gmünd nachgewiesen wurden, um ihre Stabilität zu erhöhen.

Nach den überlieferten Beobachtungen Ende des 19. Jhs. lief die Limesmauer bis auf zwei Meter an den Fluss heran und endete dort. Im Flussbett konnten dagegen noch bearbeitete Eichenpfosten geborgen werden, die auf eine Brückenkonstruktion hindeuten. Dass hier eine Brücke vorhanden war, ist naheliegend. Sie ermöglichte den Soldaten, die auf den Wachttürmen diesseits und jenseits des Kochers stationiert waren, sich nicht nur durch akustische und optische Signale auszutauschen, sondern auch trockenen Fußes Nachrichten oder Güter auf dem Postenweg entlang des Limes zu übermitteln bzw. zu transportieren. Unterhalb der Lauffläche der Brücke waren neben den Stützpfosten eventuell weitere Hölzer in das Flussbett gerammt, wobei die Größe der Zwischenräume sicher immer einen Kompromiss zwischen dem Sicherheits- bzw. Kontrollbedürfnis und den Anforderungen eines funktionierenden Wasserablaufes darstellte.

**Durchflüsse unter der raetischen Limesmauer**

Beim Limesübergang über die Sulzach bei Wittelshofen am Hesselberg bestand die Limesmauer im Bereich der Bachquerung in den unteren Lagen aus auf Lücke gesetzten Steinquadern, durch die das Wasser hindurchfließen konnte.

**The river flows below the Rhaetian Limes wall**

At the Limes crossing Sulzbach brook near Wittelshofen-on-Hesselberg the builders left gaps in the lower layers so that the water could pass through.

**Traversée fluviales sous le Limes rhétique**

A Wittelshofen au pied du Hesselberg, à l'endroit où le Limes traverse le Sulzbach, la fortification se composait au niveau du cours d'eau de blocs de pierre espacés posés en quinconce pour laisser passer l'eau.

**Literatur**

Oskar Paret, in: Reichs-Limeskommission (Hg.), Der obergermanisch-raetische Limes des Roemerreiches, Abt. A 12, 1897, 70–76.

Friedrich Winkelmann und Kurt Stade, in Reichs-Limeskommission (Hg.), Der obergermanisch-raetische Limes des Roemerreiches, Abt. A 13, 1897, 33–34.

Ernst Fabricius, in Reichs-Limeskommission (Hg.), Der obergermanisch-raetische Limes des Roemerreiches, Abt. A 14, 1897, 45–49.

Stephan Bender, Neue Einblicke am raetischen Limes bei Hüttlingen, in: Der Limes 6, 2012, Heft 2, 12–15.

# BENE LAVA – DAS KASTELL, DER VICUS UND
# DAS BADEGEBÄUDE IN RAINAU-BUCH

**Martin Kemkes**

Das Kastell Buch liegt auf einer Anhöhe oberhalb der Jagstniederung, etwa 1,2 Kilometer südlich des Limes. Es diente der Sicherung der römischen Reichsgrenze sowie der Überwachung der Fernstraße, die von der *Via Claudia* aus Augsburg über Aalen kommend das Römische Reich am Limestor von Dalkingen verließ und ins freie Germanien Richtung Main führte. In dem um 150/160 n. Chr. errichteten Kastell war eine teilberittene Kohorte von fünfhundert Mann, wahrscheinlich die *Cohors III Thracum* stationiert.

Der *vicus* zog sich halbkreisförmig an der Süd- und Ostseite um das Kastell herum. An der Straße vom Kastell in Richtung Limestor lagen drei Steingebäude. Bei einem handelt sich um das Kastellbad. Es wurde sowohl von den Soldaten des Kastells, als auch von der Zivilbevölkerung genutzt.

## BENE LAVA
## FORT AND VICUS AT RAINAU-BUCH AND ITS PUBLIC BATH

You find Buch fort on a plateau above the Jagst valley about 1.2 kilometres south of Limes. Its function was to protect the imperial frontier and to check the *Via Claudia* highway from Augsburg to Aalen; at Dalkingen Limes Gate it led into the free territory of the ancient Germans. Buch fort was established in 150/160 A.D. and housed a partly mounted cohort of 500 soldiers, probably the *Cohors III Thracum*.

In a semicircle the vicus had developed on the south and east side of the fort. There were three stone buildings along the road to the Limes gate. One of them was the public bath. It was used by the soldiers as well as by the common people.

## BENE LAVA
## CASTEL, VICUS ET BÂTIMENT DE BAINS DE RAINAU-BUCH

Le castel de Buch se situe sur une hauteur dominant la vallée de la Jagst à environ 1,2 km au sud du Limes. Ce fort servait à sécuriser la frontière de l'empire et à surveiller la voie de communication qui venait de la *Via Claudia* d'Augsbourg en passant par Aalen et quittait l'empire romain par la porte du Limes de Dalkingen pour mener vers la Germanie libre en direction du Main. Dans ce castel construit en 150/160 était stationnée une cohorte de 500 soldats en partie équipés de chevaux. Il s'agissait probablement de la *Cohors III Thracum*.

Le vicus contournait le castel en demi-cercle par les côtés sud et est. Le long de la route qui menait du castel à la porte du Limes se trouvaient 3 bâtiments en pierre. L'un d'eux abritait les bains du castel. Il était fréquenté à la fois par les soldats du fort et par la population civile.

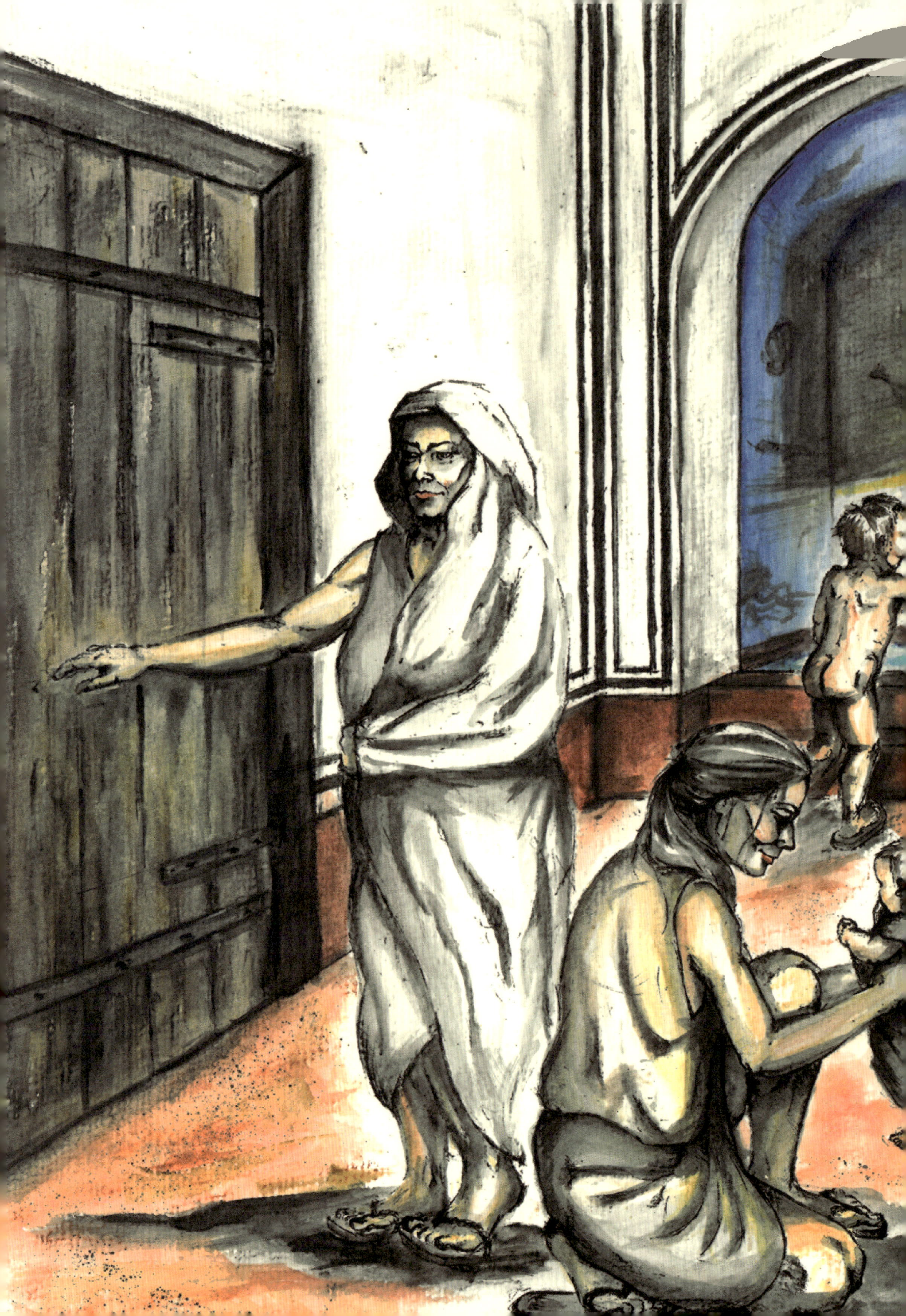

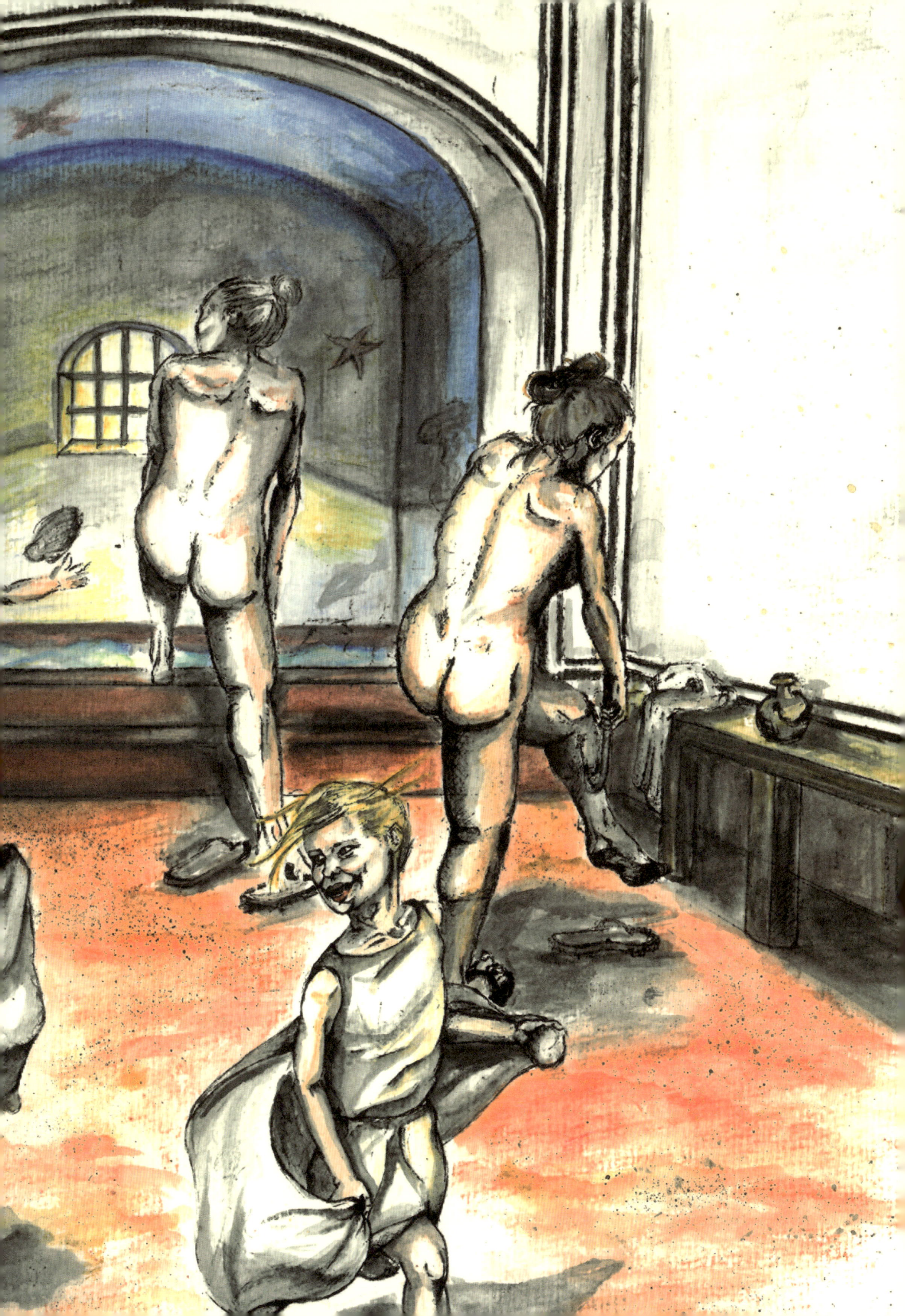

# BENE LAVA – DAS KASTELL, DER VICUS UND DAS BADEGEBÄUDE IN RAINAU-BUCH

Das Kohortenkastell und die dazugehörige zivile Siedlung *(vicus)* von Rainau-Buch gehören zu den am besten untersuchten Orten am raetischen Limes. Dieser Umstand beruht vor allem auf den großflächigen Ausgrabungen, die hier zwischen 1972 und 1980 durch das damalige Landesdenkmalamt im Zuge des Neubaus der Bundestraße 290 und der Anlage des Bucher Stausees stattfanden. Im Laufe dieser Maßnahmen wurden das Kastell als Grabungsschutzgebiet ausgewiesen und die Steingebäude des *vicus* am Seeufer als Freilichtmuseum eingerichtet. Zusammen mit der Limesanlage am Mahdholz in Rainau-Schwabsberg und dem Limestor von Rainau-Dalkingen bilden die römischen Denkmäler in Buch heute den Limes-Park Rainau.

### Ein Kastell für 500 Soldaten

Die Fundstelle war jedoch schon seit dem 18. Jahrhundert bekannt. Im Jahr 1884 entdeckte man ein Depot von rund 700 Geschossspitzen, woraufhin der Platz als Kastell identifiziert werden konnte. 1897 folgten die Grabungen der Reichs-Limeskommission, bei denen die Umwehrung des Kastells, das zentrale Stabsgebäude *(principia)* und ein Speicherbau *(horreum)* untersucht wurden. Weitere Ausgrabungen im Kastellbereich fanden erst wieder 75 Jahre später statt. Im Jahr 1972 wurden das Südtor und ein Teil der östlich anschließenden Kastellmauer freigelegt und konserviert. Zur besseren Kennzeichnung der Gesamtanlage überdeckte man die Umwehrung mit einem Erdwall, auf dem heute eine Hecke wächst und Bäume die Position der Zwischen- und Ecktürme sowie der Tore anzeigen. Steinplatten markieren den Grundriss des Stabsgebäudes. In den Jahren von 1992–2000 erbrachten schließlich geomagnetische Messungen weitere Details der Innenbebauung, ohne dass ein Spaten angesetzt werden musste.

Das Kastell misst 151 × 140 m und besitzt somit eine Fläche von ca. 2,1 ha, woraus sich eine Truppenbelegung mit einer Kohorte von 500 Soldaten ergibt. Die Anlage ist von drei Gräben umgeben. Die vier Kastelltore weisen, bis auf die rückwärtige *porta decumana*, eine doppelte Durchfahrt auf. Das Haupttor *(porta praetoria)* liegt auf der Ostseite. Insgesamt zeigt die Umwehrung enge Parallelen zu den Nachbarkastellen Aalen, Böbingen und Schwäbisch Gmünd.

### Stabsgebäude und Speicher

Das zentrale Stabsgebäude und der benachbarte Speicher sind die einzigen Steinbauten. Die im Rahmen der geomagnetischen Prospektion nachgewiesenen Mannschaftsbaracken waren dagegen aus Holz. In einigen dieser Kasernen konnten in den Vorräumen, vor den Wohnstuben der Soldaten, Jaucherinnen nachgewiesen werden, was auf ihre Funktion als Pferdeställe hinweist. Diese auch aus anderen Reiterlagern bekannten Befunde zeigen eindeutig, dass im Bucher Kastell zumindest eine teilberittene Einheit stati-

**Bene lava – Bade wohl!**
Dieser Wunsch, überliefert auf dem Fußbodenmosaik eines Bades in Nordafrika, wird sicher auch alle Nutzer des Kastellbades im römischen Rainau-Buch angetrieben haben. Der Besuch des Bades gehörte zum Alltag der Menschen und war dabei zugleich ein wichtiger sozialer Treffpunkt der Siedlung.

**Bene lava –
or have a good bath!**
This wish has come down to us from North Africa! Surely it will have motivated most of the bathing guests in Rainau-Buch fort. To visit the bath was part of everyday life for all people. The public bath was a social meeting place and a place of communal communication.

**Bene lava – Bonne Baignade!**
C'est certainement cette perspective, illustrée par la mosaïque de sol d'un établissement de bains d'Afrique du Nord qui motivait les visiteurs des bains du castel de Rainau-Buch. C'est pourquoi l'usage des bains était quotidien. Le bain était aussi un point de rencontre social important pour la cité.

# BADEN IM RÖMISCHEN RAINAU

Bis zum 2. Jh. v. Chr. hatte sich in der griechisch-hellenistischen Welt ein öffentliches Badewesen entwickelt, das von den Römern übernommen wurde. Von Anfang an gehörten dabei Körperpflege und soziales Miteinander zusammen. Der Besuch eines öffentlichen Bades galt als wichtiger Faktor römischer Lebensart, wobei im Laufe der Kaiserzeit vor allem die Architektur der Bäder bis hin zu den monumentalen Kaiserthermen perfektioniert wurde. Das römische Militär brachte die Badekultur auch in die nördlichen Grenzprovinzen, so dass es im 2. und 3. Jh. n. Chr. keine Siedlung und keinen Gutshof gab, der nicht über ein eigenes Badegebäude verfügte. Dies gilt in gleicher Weise für die Kastellstandorte am obergermanisch-raetischen Limes und damit auch für das römische Rainau.

### Das Bad

Das Kastellbad lag hier wie üblich außerhalb des Lagers auf der Ostseite, vor dem Haupteingang des Kastells. Der Standort oberhalb der Einmündung des Albaches in die Jagst garantierte eine zuverlässige Zu- bzw. Ableitung des benötigten Wassers. Nachdem das Gebäude schon durch die Reichslimeskommission 1897 entdeckt worden war, konnte es 1975–76 vollständig untersucht werden. Vier Bauphasen lassen sich unterscheiden. Nachdem das Bad zeitgleich mit dem Kastell um 150/160 n. Chr. errichtet worden war, wurde es im späten 2. Jh. n. Chr., parallel zu den übrigen Umbauten im *vicus,* völlig neu konzipiert und vergrößert. Es hatte nun eine Größe von ca. 44 × 22 m und umfasste so eine Fläche von fast 1000 m². Um die Mitte des 3. Jh. n. Chr., wahrscheinlich nach dem verheerenden Germanenüberfall, wurde das Bad deutlich verkleinert, ein wichtiger Hinweis auf eine Reduktion der Bevölkerung, die aber dennoch nicht auf ihre Badekultur verzichten wollte.

### Baden der Reihe nach

Auch am äußersten Rande des Imperiums weisen die Badegebäude alle Funktionen auf, die der römische Badegast erwartete. Die Militärbäder am Limes besaßen dabei in der Regel ein einheitliches Raumkonzept, bei dem sich der Badeablauf in den hintereinander liegenden Räumen widerspiegelte (Reihentypus). So besitzt auch das Rainauer Bad in seiner größten Ausbaustufe von Süd nach Nord zunächst eine steinerne Vorhalle mit einem Auskleideraum *(apodyterium),* in dem der Gast sich ausziehen und seine Kleidung deponieren konnte. Danach folgt das Kaltbad *(frigidarium)* mit einem Kaltbadebecken *(piscina)* für eine erste grobe Reinigung. Für den »saunaartigen« Wechsel zwischen heißen und kalten Bädern wurde an das Kaltbad noch ein Schwitzbad *(sudatorium)* angebaut. Hinter dem Kaltbad folgten weiter nach Norden zwei Laubaderäume *(tepidarium),* die der Akklimatisierung zwischen den kalten und warmen Baderäumen dienten. Die Größe dieses Bereiches deutet an, dass sich die Badegäste hier zwischen den einzelnen Badegängen aufhielten, sich ausruhten, Köperpflege betrieben und wohl auch Massagen oder einfache ärztliche Anwendungen erhalten konnten. Den Abschluss bildete das Warmbad *(caldarium),* das in Rainau mit einem rechteckigen Warmwasserbecken ausgestattet war. Am nördlichen Abschluss des Gebäudes lag der große Heizraum *(praefurnium),* von dem aus das Warm- und Laubad beheizt wurden. Der Fußboden des Warmbades konnte sich dabei auf 50–60 °C aufheizen, weshalb die Gäste hier hölzerne Badschuhe trugen.

oniert war. Zahlreiche Ausrüstungsteile von Reitersoldaten, wie Fragmente von Paradehelmen, Besitzermarken und Teile eines Bogens unterstützen diese Interpretation. Um welche Einheit es sich konkret handelt, konnte bisher nicht eindeutig bestimmt werden. Allerdings stammt aus Oberdorf am Ipf, wo wahrscheinlich das Vorgängerlager des Bucher Kastells lag, eine Grabinschrift, die ein Praefekt der *Cohors III Thracum* für seine Frau gestiftet hatte. Dies könnte darauf hinweisen, dass diese Einheit auch die Besatzung in Rainau-Buch stellte. Die Gründung des Lagers erfolgte sicher zeitgleich mit dem umgebenden *vicus* in den Jahren um 150/160 n. Chr. Anhand der Münzfunde war das Kastell sicher bis zur endgültigen Aufgabe des Limes um 260 n. Chr. besetzt.

### Der Kastellvicus

Im Bereich des Kastellvicus wurde zwischen 1976–1979 eine Fläche von rund 13500 m² untersucht. Die Grabungen beschränkten sich auf den Ostteil der Siedlung, die sich entlang einer Ringstraße in einem Halbkreis im Osten und Süden um das Kastell zog.

Die bauliche Entwicklung des *vicus* lässt sich in zwei Phasen einteilen. Mit der Gründung um 160 n. Chr. wurde die Siedlung in langrechteckige Parzellen von ca. 70 m Länge und 7–10 m Breite eingeteilt. Auf diesen Grundstücken errichtete man die so genannten Streifenhäuser. Diese hatten eine Länge von ca. 15 m mit einem Portikus zur Straße hin. Im vorderen Hausteil wurde Handwerk und Handel betrieben, während die hintere Hälfte als Wohnbereich diente. In den anschließenden Höfen der Grundstücke lagen Brunnen, Latrinen, Schuppen und weitere Gebäude, die zum Teil unterkellert waren. Im letzten Jahrzehnt des 2. Jhs. n. Chr. fanden umfangreiche Baumaßnahmen statt, deren Gründe im Einzelnen nicht erkennbar sind. In dem untersuchten Vicus-Bereich wurde jedenfalls ein Großteil der Bebauung niedergelegt und das Gelände planiert bzw. verfüllt. Anschließend wurden auch die Grundstücke bzw. die Parzellen neu vermessen, die nun eine Breite bis zu 11,5 m aufweisen. Die Haupthäuser in der vorderen Grundstückshälfte waren jetzt bis zu 20 m lang. Dahinter folgten in den Höfen wiederum Brunnen, Latrinen und Abfallgruben.

### Die Brunnenfunde

Diese 2. Bauphase endete mit einer Brandkatastrophe, die wahrscheinlich mit einem Einfall der Germanen Mitte des 3. Jhs. n. Chr. in Verbindung steht. Eindrucksvolle Spuren fanden sich vor allem in den Brunnen der Siedlung. In vier Brunnen konnten umfangreiche Depotfunde geborgen werden, die von ihren Besitzern aus Furcht vor den Überfällen versteckt worden waren. Aus Brunnen 7 stammen zwei Bronzestatuetten, 16 Bronzegefäße und 12

Eisengeräte, die wahrscheinlich als Teile eines Hausinventars zu interpretieren sind. In Brunnen 13 fanden sich dagegen ein großer Bronzekessel und eine eiserne Waage, mit der Güter bis zu einem Gewicht von 138 römischen Pfund (46,42 kg) gewogen werden konnten. Eventuell gehörten diese Gegenstände zur Einrichtung einer Gaststätte. Die Depotfunde waren in den Brunnenschächten mit Brandschutt überdeckt, in dem sich zahlreiche Lanzenspitzen und Geschossbolzen als Indizien des Überfalls auf den Kastellvicus fanden. Hölzer aus diesen Verfüllungen konnten mit Hilfe der Dendrochronologie auf das Jahr 253/254 n. Chr. datiert werden. Dieses Datum lässt sich sehr gut mit einem durch entsprechende Münzfunde postulierten großen germanischen Überfall auf die Provinz Raetien im Jahr 254 n. Chr. parallelisieren. Allerdings bedeutete diese Katastrophe noch nicht das Ende der römischen Besiedlung. Erneute Planierungen und letzte Bautätigkeiten lassen vermu-

## BADEN IM RÖMISCHEN RAINAU

### Ein Ort der Hygiene, Gesundheit und Unterhaltung für Frauen und Männer

Der Wechsel von kalten und warmen Bädern diente nicht nur der bloßen Körperhygiene, sondern war, wie heute auch, ein wesentlicher Faktor der Gesundheitsvorsorge. Zur Reinigung verwendete man Öle, die zusammen mit Schweiß, Schmutz und Hautschuppen mit Hilfe eines Metallschabers *(strigilis)* von der Haut gekratzt wurden.

Gebadet wurde nackt und nach Geschlechtern getrennt. Aus der erhaltenen Gemeindeordnung des spanischen Bergwerksbezirks von Vipasca (Provinz *Lusitanien*) lässt sich die Organisation des Badebetriebes ablesen, der in ähnlicher Form auch in Rainau funktioniert haben wird. Danach durften die Frauen und Kinder vom Morgengrauen bis zur 7. Stunde (je nach Jahreszeit von 4.30 bzw. 7.30 bis 12 Uhr) das Bad benutzen, von der 8. Stunde bis zur 2. Nachtstunde (ca. 13 bis 16.30 bzw. 19.30 Uhr) war das Bad für die Männer reserviert. Nach dem überlieferten Text zahlten Soldaten und Kinder keinen Eintritt, während der Badebesuch für andere Männer ein halbes As und für Frauen ein As kostete. Dass in Rainau neben den Soldaten auch die Frauen das Bad ausgiebig nutzten, belegen nicht zuletzt eine Reihe an frauenspezifischen Funden wie ein Ohrring, spezielle Fibeln und zahlreiche Haarnadeln, die hier verloren wurden.

### SALVOM LAVISSE

Der auf einem Mosaik erhaltene Wahlspruch *salvom lavisse,* frei übersetzt es ist heilsam, sich zu waschen, war angesichts der erhaltenen Befunde und Funde auch für die Bewohner des römischen Rainau, Soldaten und Zivilisten, Frauen und Männern, selbstverständlich; denn der Besuch des Bades war Teil ihres Alltags und ihrer Kultur.

### Wertvolles Salböl in kostbarem Gefäß

Das kugelrunde, 10 cm große bronzene Ölfläschchen *(aryballos)* besitzt einen drehbaren Deckel zum vorsichtigen Abfüllen des wertvollen Öls. Solche Fläschchen bildeten zusammen mit einigen Körperschabern *(strigilis)* und einer Badeschale die typischen Utensilien, die mit ins Bad genommen wurden.

### Valuable oil in a precious vase

This small bronze bottle (10 cm) as round as a ball *(aryballos)* has a top which can be turned before using the valuable oil. Such bottles typically were taken together with *strigilis* and basin when going to have a bath.

### Huile cosmétique de haute qualité dans des flacons précieux

La bouteille cylindrique en bronze de 10 cm *(aryballos)* possède un couvercle tournant pour doser à juste mesure le précieux contenu. Avec les grattoirs de peau *strigilis* et la bassine de bain, ces bouteilles faisaient partie des ustensiles typiques qu'on emmenait au bain à l'époque.

ten, dass Reste der römischen Bevölkerung bis zur endgültigen Aufgabe des Limes um 260 n. Chr. im *vicus* von Buch lebten. Zahlreiche Schlackefunde belegen, dass die Altmetallverarbeitung in dieser allerletzten Siedlungsphase wie auch an anderen Orten eine wichtige Rolle spielte.

### Repräsentatives Wohnen

Neben den grundsätzlich aus Holz bestehenden Streifenhäusern des Vicus konnten in den Jahren 1979–1980 auch zwei Steingebäude nachgewiesen werden. Sie liegen auf der Ostseite in unmittelbarer Nähe des Kastellbades und direkt vor dem Haupttor des Lagers. Die hier zusammenlaufenden Straßen wurden anscheinend zu einem Platz erweitert, so dass die Steingebäude zusammen mit der Hauptfront des Kastells ein repräsentatives Bauensemble darstellten. Beide Häuser gehören jedoch erst in die zweite Siedlungsphase und wurden Ende des 2. Jhs. n. Chr. über abgerissenen Holzgebäuden der ersten Phase errichtet. Das Gebäude 1 hat eine Größe von ca. 32,5 × 12,5 m und besitzt damit eine Fläche von ca. 408 m², die sich auf sieben Räume aufteilt, wobei der Zentralraum allein rund 73,5 m² misst. Mehrere der Seitenräume weisen eine Fußbodenheizung auf. Das Gebäude 2 ist dagegen mit ca. 10 × 14 m deutlich kleiner. Der nachträgliche Einbau von Fußbodenheizungen zeigt an, dass es wohl zunächst als Wohnhaus diente und später als kleines Badegebäude genutzt wurde.

Die Interpretation dieses Gebäudekomplexes ist unsicher. Vieles spricht dafür, dass Gebäude 1 zunächst als repräsentatives Wohnhaus des Lagerkommandanten errichtet wurde. Die Datierung in die severische Zeit passt dabei zu der Überlieferung, dass ab dieser Zeit die Truppenkommandeure zusammen mit ihren Familien leben durften. In dem kleinen Gebäude 2 könnte dann das private Personal des ritterlichen Praefekten gewohnt haben. Eine andere mögliche Deutung wäre die Interpretation als gehobenes Gasthaus bzw. Reisequartier für höhere Beamte und Offiziere. In diesem Kontext könnte das Gebäude dann sogar während des Caracalla-Feldzuges 213 n. Chr. als Quartier des Kaisers gedient haben, der bei Dalkingen wahrscheinlich mit Teilen seiner Truppen den Limes überschritt. Die Nutzung als luxuriöse Herberge für hohe Offiziere ist jedoch auch im Rahmen der möglicherweise jährlichen Feste denkbar, die zu Ehren des Kaisers an der Dalkinger Prunkfassade stattfanden.

### Literatur

Gabriele Seitz, Rainau-Buch I. Steinbauten im römischen Kastellvicus von Rainau-Buch (Ostalbkreis). Forschungen und Berichte zur Vor- und Frühgeschichte in Baden-Württemberg Band 57 (Stuttgart) 1999.

Bernhard A. Greiner, Rainau-Buch II. Der römische Kastellvicus von Rainau-Buch (Ostalbkreis). Die archäologischen Ausgrabungen von 1976–1979. Forschungen und Berichte zur Vor- und Frühgeschichte in Baden-Württemberg Band 106 (Stuttgart) 2008.

Bernhard A. Greiner, Kohortenkastell, Bad und Kastellvicus bei Buch. In: D Planck (Hg.) Die Römer in Baden-Württemberg (Stuttgart) 2005, 260–265.

ERINNERUNGSORT AN DEN GERMANENFELDZUG CARACALLAS
# DER BOGEN VON RAINAU-DALKINGEN

**Stephan Bender**

Am Limes bei Dalkingen wurde zu Beginn des 3. Jahrhunderts n. Chr. ein Ehrenbogen errichtet. Das Monument, einzigartig am gesamten Limes, wird mit dem erfolgreichen Germanenfeldzug des Kaisers Marcus Aurelius Antoninus, so der richtige Name Caracallas, im Jahre 213 n. Chr. in Verbindung gebracht. Der Bogen mag anschließend anlässlich des römischen Sieges vom Statthalter der Provinz Raetien gestiftet worden sein. Vielleicht markiert der Bau den Ort, an dem Caracalla mit einem kleinen Truppenkontingent über den Limes setzte. Eine Bronzestatue und, wie wir seit kurzem wissen, ein quadratischer Bau von 18 Meter Seitenlänge – allem Anschein nach ein Heiligtum – säumten südlich des Bogens den Platz, auf dem man sich zu Ehren Caracallas, seines Germanensieges und des Römischen Staates versammelt haben dürfte.

## A PLACE TO COMMEMORATE EMPEROR CARACALLA'S CAMPAIGN AGAINST THE GERMANS – THE ARCH OF DALKINGEN

A triumphal arch was erected at the Limes near Dalkingen at the beginning of the third century A.D. The unique monument is associated with the glorious campaign of emperor Marcus Aurelius Antoninus ("nicknamed Caracalla") in 213 A.D. The arch was probably donated by the governor of Rhaetia province. Perhaps also the arch marks the place where Caracalla crossed Limes and marched with a relatively small army into the ancient Germans' territory. South of the arch there was a bronze statue and, according to most recent knowledge, a building of 80 metres square, probably a sanctuary. These two formed a place where people used to come together in honour of Caracalla's victory and celebrate the glorious Roman Empire.

## MÉMORIAL DE LA CAMPAGNE DE GERMANIE MENÉE PAR CARACALLA – L'ARC DE RAINAU-DALKINGEN

Un arc de triomphe a été érigé sur le Limes près de Dalkingen au 3$^{eme}$ siècle après JC. Ce monument unique sur le Limes est à la mémoire de la glorieuse campagne de Germanie menée par l'empereur Marcus Aurelius Antonius en 213 de notre ère. L'arc a été probablement offert par le gouverneur de la province de Rhétie. Peut-être que le monument marque l'endroit où Caracalla a franchi le Limes pour partir vers l'intérieur de la Germanie avec une troupe relativement modeste en nombre. Au sud de l'arc de triomphe se trouvait une place sur laquelle on se rassemblait probablement pour fêter la victoire de Caracalla et de l'empire romain. Sur cette place se trouvait une statue de bronze et, comme on l'a découvert récemment, un bâtiment carré de 18 mètres de côté qui semble avoir été un lieu de culte.

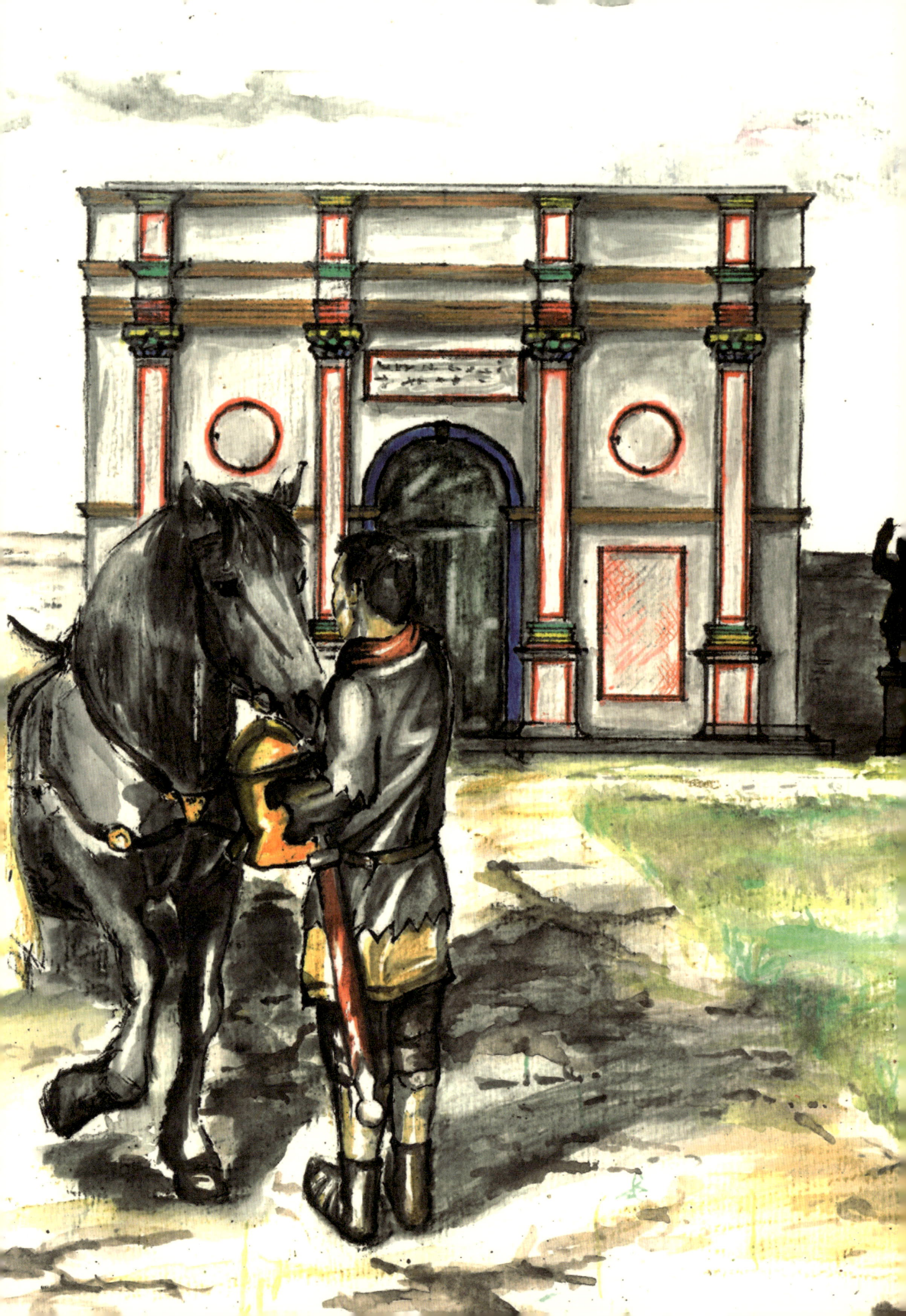

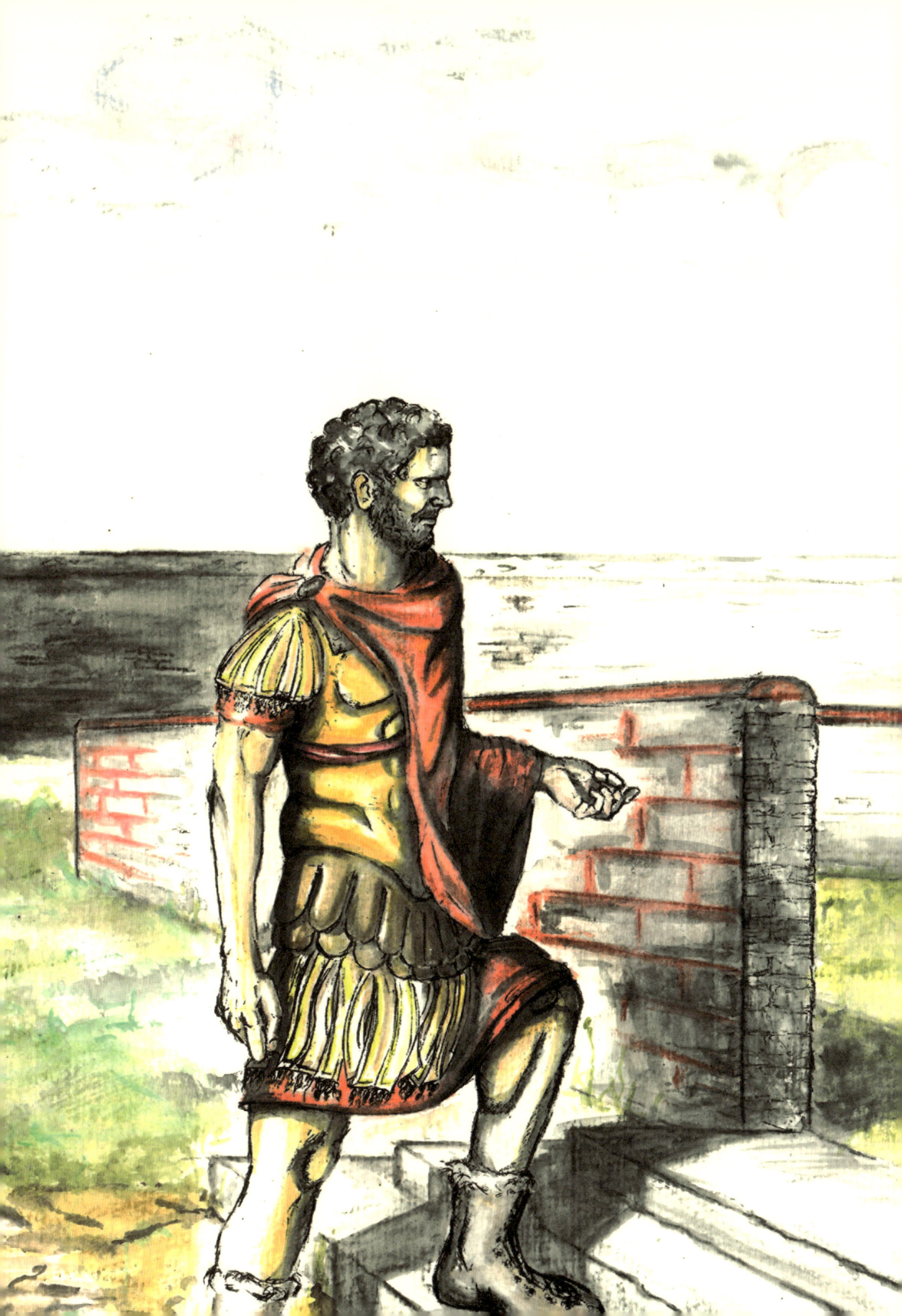

# ERINNERUNGSORT AN DEN GERMANENFELDZUG CARACALLAS
# DER BOGEN VON RAINAU-DALKINGEN

**Der Statthalter der Provinz Raetien am Bogen bei Rainau-Dalkingen**

C. Octavius Appius Suetrius Sabinus, der Statthalter der Provinz Raetien, besucht den Limesübergang unweit der Jagst, an dem er vielleicht zusammen mit Caracalla den raetischen Limes querte, um gegen die Germanen in Main- und Tauberfranken in den Krieg zu ziehen.

**The governor of Rhaetia province visits the triumphal arch at Rainau-Dalkingen**

C. Octavius Appius Suetrius Sabinus, the governor of Rhaetia province, the Limes crossing not far from the river Jagst, where – maybe – he had moved into the Germanic territory of Main-and-Tauber Franconia – together with Caracalla.

**Le gouverneur de la province de Rhétie visite l'arc de triomphe de Rainau-Dalkingen**

C. Octavius Appius Suetrius Sabinus, le gouverneur de la province de Rhétie, visite la porte frontalière du Limes pas loin de la rivière Jagst, à l'endroit où Caracalla a vraisemblablement franchi la frontière pour attaquer les Germains en Franconie du Main et de la Tauber.

Am Beginn des 3. Jhs. n. Chr. errichteten die Römer am Limes bei Dalkingen etwas östlich der Jagst einen Bogen mit einem Durchgang. Die Ruine dieses Bauwerks ist der einzige archäologische Befund, der seit Jahrzehnten immer wieder mit dem Germanenfeldzug Caracallas vom Jahre 213 n. Chr. in Verbindung gebracht wird. Das einmalige Monument gehört zu einem mehrphasigen Gebäudekomplex, den die Reichs-Limeskommission als Wachtposten WP 12/81 zählte. Im Anschluss an ältere Grabungen untersuchte Dieter Planck 1973/74 diese Stelle großflächig. Nachdem dort 1975 ein archäologischer Park eingerichtet wurde, entstand 2010 über der Ruine ein futuristisch anmutendes Schutzhaus aus Glas und Stahl, das dem Ort zusätzlich einen hohen Bekanntheitsgrad bescherte.

Sechs Bauphasen lassen sich unterscheiden. Zu allen Zeiten der Geschichte dieses Bauwerks gab es offenbar eine Toranlage, die sich nach Germanien hin öffnete. Ab Phase 3 ist ein Durchgang gesichert. Zu dieser Zeit entstand ein Torgebäude aus Holz, das später durch ein ähnliches Steingebäude ersetzt worden war. Die Mittelachse beider Gebäude bildete den Durchgang zur Öffnung in der Palisade und später der Mauer. Als letzte Bauaktivität fassen wir den Bau des Bogens unmittelbar vor der niedergelegten Südmauer des Torgebäudes. Der Bogen war lediglich auf der Südseite repräsentativ gestaltet. Er verfügte über eine vertikale Gliederung mit Postamenten und Pilastern sowie eine horizontale Einteilung durch Gesimse. Netzmauerwerk nach Art des *opus reticulatum* belegt weiteren Aufwand. Bei den Ausgrabungen kamen südlich des Bogens über 150 Fragmente einer überlebensgroßen Bronzestatue zum Vorschein. Außerdem stammt von diesem Platz ein Postamentsockel, der vielleicht der Aufstellung der Statue gedient hatte.

Ausgehend von der Prämisse, es handele sich um ein Bauwerk, das im Zusammenhang mit dem Germanenkrieg Caracallas entstanden war, liegt es nahe, den Bogen als Triumphalmonument aufzufassen, das ob *Victoriam Germanicam*, wegen des Sieges über die Germanen, aufgerichtet wurde. Damit war eine inszenierte Passage über den raetischen Limes entstanden. Was mag dem Bau des Bogens an dieser Stelle ganz konkret zugrunde gelegen haben? Der Bogen hatte nur eine Schauseite, die von römischer Seite aus wahrgenommen werden sollte. Zu dem auf Frontalität konzipierten Bau würde die Nutzung des südlichen Vorfeldes als Versammlungsplatz passen. Der Bogen mag vom Militär zu Ehren Caracallas und seines Germanensieges aufgesucht worden sein. Das Fragment eines Paradehelms, das sich hier fand, mag ein Fingerzeig in diese Richtung sein. Ein solches Szenario erscheint plausibel, zumal der Kaiser bei den Soldaten hoch im Kurs stand. Dies galt auch noch für die Zeit nach seiner Ermordung, denn Caracalla fiel auf Druck des Militärs nicht der *damnatio memoriae*, der Tilgung seines Andenkens, anheim. Die Örtlichkeit konnte also ein noch lange geduldeter Erinnerungsort sein. Dabei dürfte der Wahl dieses Platzes am Limes ein konkreter Anlass zugrunde gelegen haben. Vielleicht war es Caracalla, der mit einem kleinen Truppenkontingent, vielleicht seiner Leibgarde und einer Vexillation, bei Dalkingen über den Limes setzte. Er mag sich zuvor im *Apollo Grannus*-Heiligtum im antiken *(Aquae) Phoebianae*, dem heutigen Lauingen (Donau) – Faimingen, aufgehalten haben. Von dort ist er dann vielleicht über Heidenheim und Aalen zum Limes bei Dalkingen marschiert.

Eine neue Entdeckung bereichert unser Bild vom Umfeld des Bogens. Südöstlich des außergewöhnlichen Bauwerks konnte nach Hinweisen älterer Luftbilder durch geophysikalische Prospektionen im Oktober 2012 ein quadratisches Mauergeviert mit 18 m Seitenlänge dokumentiert werden, das über einen besonders gestalteten Zugangsbereich im Westen verfügt zu haben

## DER GERMANENFELDZUG DES KAISERS CARACALLA

Im Spätsommer des Jahres 213 n. Chr. führte Kaiser Caracalla einen Feldzug gegen die Germanen. Mindestens 10.000 Soldaten zogen offenbar an der Donau zwischen Ulm und Ingolstadt auf, um wahrscheinlich auf verschiedenen Vormarschrouten den raetischen Limes zu überschreiten, um in Main- und Tauberfranken gegen die Germanen vorzugehen. Caracalla war zumindest zeitweise vor Ort. Was die Militäraktion auslöste, ist nicht sicher bekannt.

War es eine Reaktion auf germanische Angriffe oder ein Präventivschlag angesichts latenter Bedrohung durch ein neues germanisches Stammesgebilde jenseits des Limes, oder steckte ein Hilfegesuch aufgrund innergermanischer Konflikte dahinter? Der Feldzug könnte aber auch zum Zwecke der Selbstinszenierung Caracallas angezettelt worden sein, wobei ein »Hilfegesuch« vielleicht als Vorwand gedient haben mag. Herrschaftslegitimation oder Aufpolieren des eigenen schlechten Image nach dem Mord an seinem Bruder Geta samt seinen Parteigängern mögen dazu Anlass gegeben haben.

Sichere archäologische Spuren des Feldzuges und der kriegerischen Auseinandersetzungen haben wir nicht. So muss es etwa eine Vielzahl von Marschlagern gegeben haben. Wir kennen sie nicht.

Nach dem Sieg über die Germanen, der am Main erfochten worden sein soll, wurde der Sieg offiziell verkündet. Dieses Ereignis ist in den Inschriften, der Münzprägung und der römischen Literatur gut fassbar: Caracalla erhält den Siegerbeinamen GERMANICVS MAXIMVS und in weiten Teilen des Römischen Reiches wurden dank öffentlicher oder privater Stifter Monumente *ob Victoriam Germanicam*, wegen des Sieges über die Germanen, und zu Ehren der *Victoria Germanica* errichtet, der Göttin, die Caracalla zum Sieg geführt hatte. Zu dieser Gruppe der Ehrenmäler scheint der Bogen von Dalkingen gehört zu haben – das einzige Monument übrigens, das mit einem gewissen Grad an Wahrscheinlichkeit mit dem Feldzug in Verbindung gebracht werden kann.

scheint. Anomalien im Messbild deuten eventuell auf zwei kleine Fundamente im ummauerten Areal hin. Hier fassen wir kein überdachtes Gebäude, sondern einen Bezirk, der von einer Mauer eingefasst wurde und der eine nahezu gleiche Ausrichtung wie das Torgebäude mit dem Bogen aufweist. Die Vermutung liegt nahe, dass es sich um ein zeitgleiches Bauensemble handelt. Offenbar entstand in der Nachbarschaft des Bogens ein Heiligtum. Zu der sakralen Bedeutung des Platzes, der sich vor beiden Bauten ausgebreitet haben dürfte, passen die vier im Boden steckenden Lanzenspitzen, von denen je zwei zu beiden Seiten des Bogenfundaments während der Grabung zum Vorschein kamen. Die Bronzestatue, vielleicht eine Darstellung Caracallas, mag am Rande des Platzes unweit des Tores gestanden haben. Vom benachbarten Kastell Buch wird ein Weg hierher geführt haben. Im Südosten der bekannten Bauten ließ sich bereits im Rahmen einer Grabung ein wohl nachrömischer Kalkbrennofen nachweisen. Die geophysikalischen Prospektionen des vergangenen Jahres lassen hier mehrere solcher Öfen vermuten.

Natürlich stellt sich die Frage nach dem Auftraggeber des Bogens von Dalkingen. Ein *ordo decurionum*, das Ratsherrenkollegium einer *civitas*, kommt angesichts fehlender Nachweise solcher Gebietskörperschaften im Hinterland des raetischen Limes nicht in Betracht. Geht man nun davon aus, dass der Bogen nach dem Sieg errichtet worden ist, bietet sich eine interessante Lösung dieser Fragestellung an: Den Bogen mag C. Octavius Appius Suetrius Sabinus gestiftet haben, der während des Feldzugs als *comes Augusti nostri* den Kaiser begleitete, mit ihm und Begleittruppen an dieser Stelle – falls die oben geäußerte Überlegung zutrifft – den raetischen Limes überschritt und unmittelbar nach dem Ende des Feldzugs von Caracalla zum Statthalter von Raetien ernannt wurde. Gleich zu Beginn seiner Statthalterschaft könnte er den Bau des Bogens zu Ehren des Kaisers und seiner Mutter *Iulia Domna ob Victoriam Germanicam* veranlasst haben. Vielleicht ließ er auch das Heiligtum erbauen, das diesen ungewöhnlichen Ort am *limes raetiae* noch interessanter macht.

**Fragment der Bronzestatue von Rainau-Dalkingen**

Der Griff eines Adlerkopfschwertes (Länge 26 cm) gehört zu den Fragmenten einer Bronzestatue, die beim Bogen von Dalkingen stand und wohl Kaiser Caracalla im Muskelpanzer zeigte.

**Fragment of a bronze statue from Rainau-Dalkingen**

This hilt of an eagle-head sword (26 cm in length) probably belongs to a bronze statue showing the emperor Caracalla which stood at Dalkingen arch.

**Fragment de la statue en bronze de Rainau-Dalkingen**

La poignée d'une épée à tête d'aigle (longueur 26 cm) fait partie des fragments de la statue de bronze qui se trouvait près de l'arc de triomphe de Dalkingen et représentait l'empereur Caracalla en armure.

### Literatur

Dieter Planck, Das Freilichtmuseum am rätischen Limes im Ostalbkreis. Führer zu archäologischen Denkmälern in Baden-Württemberg 9 (Stuttgart) 1983.

Stephan Bender, Moderne trifft auf Antike. Ein Schutzhaus für das Limestor Dalkingen. Der Limes 4, 2010, Heft 2, 8–9.

Stephan Bender, Der Postamentsockel vom WP 12/81 bei Rainau-Dalkingen. In: Peter Henrich (Hg.), Der Limes vom Niederrhein bis an die Donau. 6. Kolloquium der Deutschen Limeskommission 15./16. März 2011 in Mainz. Beiträge zum Welterbe Limes 6 (Stuttgart) 2012, 109–121.

Dieter Planck, Zum Limestor von Dalkingen, Gemeinde Rainau, Ostalbkreis. In: Peter Henrich (Hg.), Der Limes vom Niederrhein bis an die Donau. 6. Kolloquium der Deutschen Limeskommission 15./16. März 2011 in Mainz. Beiträge zum Welterbe Limes 6 (Stuttgart) 2012, 99–107.

Archäologisches Landesmuseum Baden-Württemberg (Hg.), Caracalla. Kaiser, Tyrann, Feldherr (Darmstadt, Mainz) 2013.

# PFLEGE DES GRENZSTREIFENS UND WEIDEWIRTSCHAFT AM LIMES
## WIESENGELÄNDE BEIM KASTELL HALHEIM

**Stephan Bender**

Auf einer fast waldfreien Hochfläche mit Äckern und Wiesen befinden sich die eindrucksvollen Reste des Kastells Halheim. Hier errichtete das römische Militär für einen *numerus*, eine Einheit von rund 150 Soldaten, das 0,7 Hektar große Kastell. Vom Lagerdorf, das sich um das Kastell erstreckte, kennen wir bislang nur zwei größere Steingebäude. Der Limes war nichts anderes als ein militärisch kontrollierter Geländestreifen. Deshalb muss eine Pflege stattgefunden haben, welche die Sicht entlang dieses Geländestreifens ermöglichte. Angesichts der Größe des Limes und der stark ausschlagenden Vegetation im waldfreien, vielleicht gerade gerodeten Gelände, war dies eine Aufgabe immensen Umfangs. Um den Bewuchs, insbesondere das Gras, niedrig zu halten, müssen Tiere zur Beweidung genutzt worden sein, Soldaten aber auch selbst Hand angelegt haben.

## ON PASTURAL AGRICULTURE AND CULTIVATION OF THE FRONTIER ZONE
### MEADOWS AND PASTURES NEAR HALHEIM FORT

The impressive remains of Halheim fort can be found on an almost treeless plateau with farmland and meadows around. Here the Roman army established a three-acre fort for a *numerus*, i.e. a unit of about 150 soldiers. Of the camp village we know only one bigger stone building. What is Limes but a strip of land controlled by the Roman army? Therefore they had to take care of it quite intensely, because visibility was most important. Considering the sheer length of Limes and the rich vegetation of the treeless, maybe just cleared woodland was a task of an immense dimension. The growth of grass had to be kept low, so the soldiers must have used animals to graze on it, and, of course, it was also the soldiers' job to maintain the visibility along the Limes.

## ENTRETIEN DE LA ZONE FRONTIÈRE ET ÉLEVAGE DE BÉTAIL SUR LE LIMES – LES PRAIRIES DU FORT DE HALHEIM

Sur un plateau déboisé avec des champs et des prairies se trouvent les vestiges du castel Halheim. C'est ici que l'armée romaine érigea un fort de 0,7 hectares pour un numerus, c'est-à-dire une unité de 150 soldats. Du camp fortifié qui s'étendait autour du castel, on ne connaît aujourd'hui qu'un bâtiment en pierres. Le Limès était en somme une bande de terrain contrôlée militairement. C'est pourquoi il fallait en entretenir les alentours afin de garantir une vue dégagée le long de la frontière, ce qui n'était pas si simple vu la longueur du Limes et les terrains à végétation intense ou fraîchement déboisés qu'il traversait. Pour contrôler la végétation et ne pas trop laisser pousser les herbes, on pense qu'on utilisait des animaux d'élevage, mais que les soldats eux-mêmes avaient également beaucoup à faire pour entretenir les terrains.

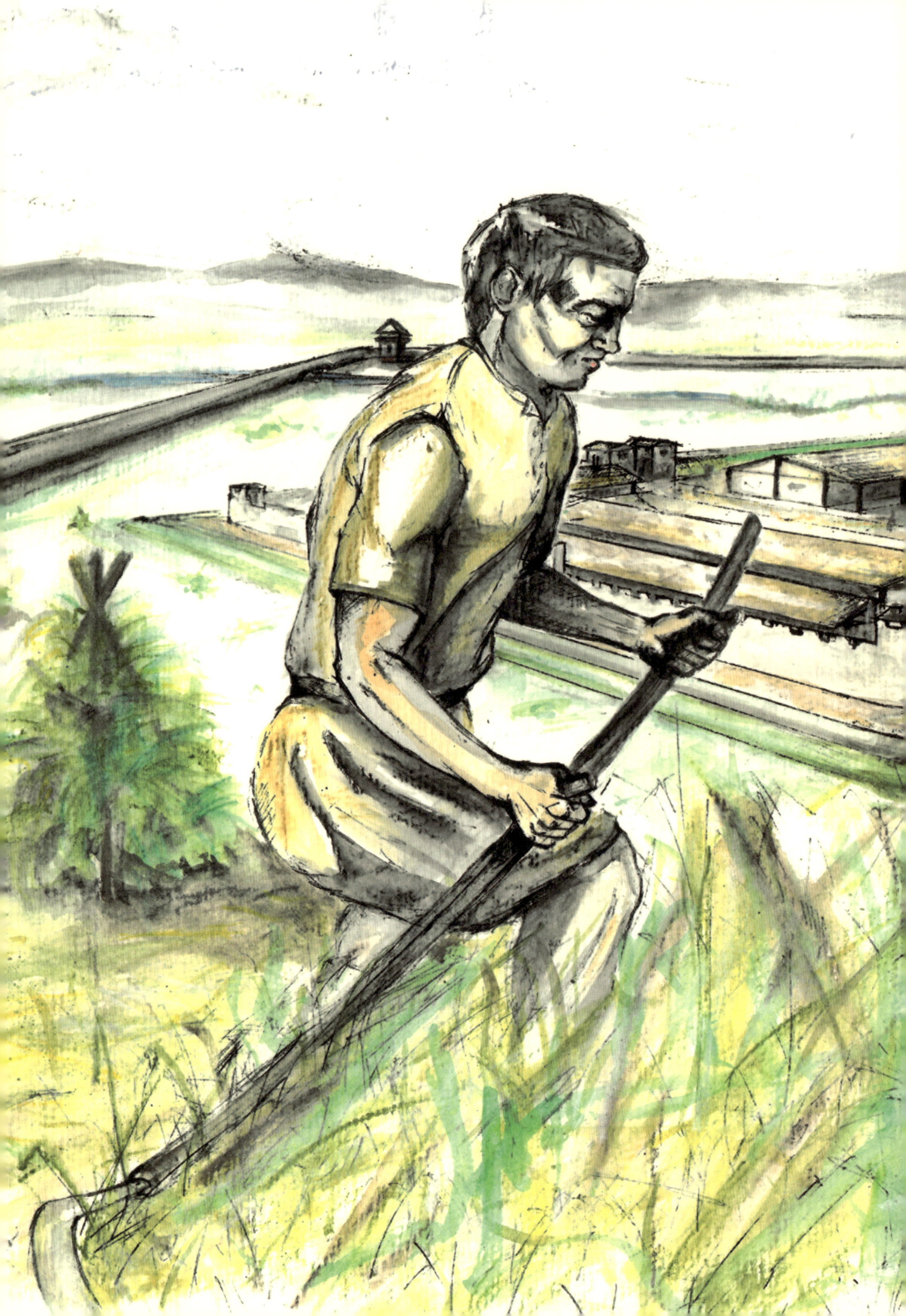

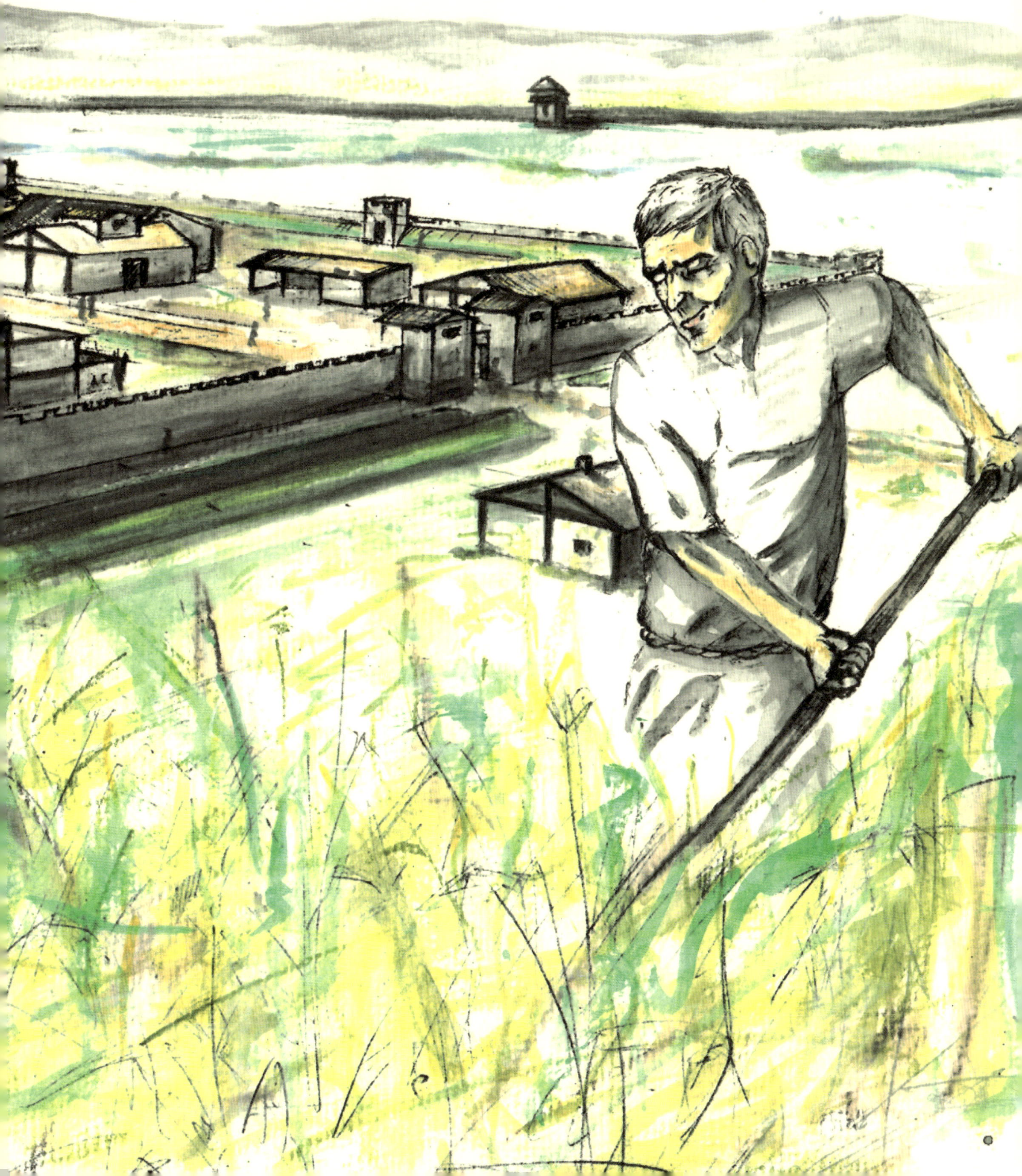

# PFLEGE DES GRENZSTREIFENS UND WEIDEWIRTSCHAFT AM LIMES
# WIESENGELÄNDE BEIM KASTELL HALHEIM

**Wiesenmahd am Limes unweit des Kastells Halheim**

Entlang des Limes muss es riesige Grünlandflächen gegeben haben. Das Bild zeigt das Kastell Halheim. Weit und breit Grünland, lediglich das Rinnsal des Sonnenbachs gliedert die Landschaft. Zwei Soldaten sind bei der Mahd der Wiese zu sehen. Einer mäht mit der Sense, ein anderer zieht den Grasschnitt mit dem Rechen zusammen.

**Mowing the meadows around Halheim fort**

There must have been huge areas of grassland around Halheim fort. For miles around there was only grassland, and only brook Sonnenbach gives the landscape a little bit of structure. In the picture two soldiers can be seen mowing the meadow. One of them is mowing with a scythe, the other one is taking the cut grass.

**Fauchage des prés à proximité du Castel Halheim**

Le Limes était probablement longé d'immenses prairies sur toute sa longueur. La vue du Limes près du castel Halheim en donne un exemple. Des prairies à perte de vue ; seul le filet d'eau du Sonnenbach agrémente le paysage. Deux soldats sont en train de faucher un pré. L'un travaille avec une faux, l'autre rassemble la coupe avec un râteau.

Das Kastell Halheim ist bis heute eine Landmarke geblieben, auch wenn in der Nachbarschaft große Windräder aufgestellt wurden, die hinsichtlich ihrer beherrschenden Wirkung übermächtig sind und alles andere klein und niedlich erscheinen lassen. Der erhaltene Schuttwall des Kastells, in dem die Reste der Umfassungsmauer stecken, ist mit einer Hecke und Bäumen bewachsen. Im Wall gibt es an den Stellen Lücken, an denen sich auf der Nord- und Südseite die beiden Tore befanden. Aus diesem Grund ist das Kastell heute noch wahrnehmbar und räumlich zu erfassen – auch aus der Distanz. Dabei wirkt sich natürlich vorteilhaft aus, dass die Anlage auf weiter freier Fläche ohne störenden Waldbestand gelegen ist. Vielmehr prägen große Wiesenflächen das Bild, was – dieses Gefühl stellt sich instinktiv ein – die antike Situation rund um das Kastell Halheim widerzuspiegeln scheint. Der Steinwall ist interessanterweise nie abgeräumt worden. Somit konnte in diesem Bereich keine Bewirtschaftung stattfinden, und die Vegetation hat von diesem Geländestreifen Besitz ergriffen.

Schon die erste schriftliche Nachricht über das Kastell, die 1819 im »Allgemeinen Intelligenz-Blatt für den Jagst-Kreis« erschienen ist, beschreibt dieses Erscheinungsbild der Anlage. Dabei war noch nicht klar, ob es sich tatsächlich um eine Befestigung römischer Zeit handelt.

Erst die Ausgrabungen der Reichs-Limeskommission im Jahre 1894, die der Streckenkommissar Heinrich Steimle durchführte, erbrachten Gewissheit. Ihm gelang es, die Tore, die auf beiden Seiten von Türmen flankiert wurden, die Zwischentürme auf der West- und Ostseite und die Ecktürme zu dokumentieren. Außerdem entdeckte er einen 6,45 m breiten und noch 1,15 m tiefen Graben, der das Kastell umgab. Die Innenbauten müssen aus Holz- und Fachwerkbauten bestanden haben. Spuren weiterer Steingebäude fanden sich im Inneren nicht.

Die Versorgung mit Wasser war hervorragend. Östlich des Kastells gibt es eine Quelle, welche Trinkwasser bot, und nördlich des Kastells fließt der Sonnenbach. Vom Lagerdorf *(vicus)*, das sich im Umfeld des Kastells entwickelte, erkannte die Reichs-Limeskommission lediglich ein Gebäude »mit gut gearbeiteten Mauern« hundert Meter südlich des Kastells. Näheres ist nicht bekannt, die Kommission verzichtete auf eine Grabung. Inzwischen konnte ein weiteres Bauwerk nachgewiesen werden. In einem Luftbild zeichnet sich vor der Südostecke des Kastells ein größeres Steingebäude ab. Das ist alles, was wir über das Lagerdorf wissen. Und das noch: Vor einiger Zeit ist ein bemerkenswertes Fundstück aus dem Halheimer Lagerdorf aufgetaucht. Eine fragmentierte Bronzehand von 15,5 cm Länge ist von privater Seite aufgefunden worden. Auf der Daumenkuppe ruht ein kleines röhrenförmiges

Behältnis, das vom Zeigefinger gestützt wird. Offenbar gehörte die Hand zu einem Kerzenhalter.

### Ein größeres, noch unentdecktes Kastell?

Das Kastell und sein Umfeld sind noch nicht bebaut. Die Forschung hat hier noch hervorragende Voraussetzungen, den gesamten Kastellplatz mit neuen Methoden zu untersuchen. Das Forschungspotential ist groß, so groß, dass sich sogar die Frage nach einem weiteren Kastell stellt. In Halheim war ein

## DIE BEWIRTSCHAFTUNG DES LANDES AM LIMES

Welche Situation das römische Militär antraf, als es vor Ort den Geländestreifen, den Limes, definierte, der von den Grenzsoldaten kontrolliert werden sollte, ist im Einzelnen nicht bekannt. Man wird auf Grünland gestoßen sein, natürlich aber auch auf Waldflächen. In Waldgebieten mussten somit vielleicht Hunderte von Kilometern Schneisen geschlagen werden, um überhaupt eine Grenztrasse zu schaffen, die kontrolliert werden konnte. Außerdem mussten Lichtungen für die Kastelle und weitere Schneisen für Zufahrts- und Versorgungsstraßen angelegt werden.

Damit sind am Limes und bei den Kastellen Flächen entstanden, die der Bewirtschaftung bedurften, um begeh-, überschau- und kontrollierbar zu sein. Es ist hinlänglich bekannt, wie sich nach Rodungen im Zusammenhang mit dem direkten Lichteinfall auf den ehemaligen Waldboden die Vegetation explosionsartig entwickelt. Dabei handelt es sich vor allem um stickstoffliebende Pflanzen, sogenannte Nitrophyten, die sich dann stark ausbreiten. Natürlich siedeln sich aber auch wieder Bäume an. Um die Funktion des Limes in jeder Hinsicht zu gewährleisten, musste eine Pflege greifen, die sich am besten im Rahmen einer systematischen Bewirtschaftung bewerkstelligen ließ. Aber auch die Grünlandflächen waren mit dem nachwachsenden Gras kurz zu halten. Angesichts unserer gepflegten Anlagen im Bereich von konservierten Fundamenten, Rekonstruktionen und Nachbauten am Limes – nichts anderes als Archäologische Parks – wird dieser Aspekt antiker Realität kaum bedacht.

Um den Bewuchs niedrig zu halten, müssen Tiere zur Beweidung genutzt worden sein. Schafe und Ziegen mit ihrer Vorliebe für Triebe und Jungpflanzen waren hierzu hervorragend geeignet. Es ist einmal ausgerechnet worden, dass – legt man eine Schneise von 30 m Breite zugrunde – eine Fläche von 1650 ha entlang der Limeslinie zu pflegen war. Selbstverständlich werden auch Soldaten im Einsatz gewesen sein, gerade um Gras zu schneiden und damit Heu als Futtermittel zu erwirtschaften. Soweit es der Boden zuließ, werden im Umfeld der Kastelle auch in Maßen kleine Felder zur Selbstversorgung angelegt worden sein.

WP 103   Kastell Halheim   Sonnenbach   WP 104   WP 105   WP 106   Freihof

*numerus* stationiert, die kleinste selbstständige Hilfstruppeneinheit, die hinsichtlich ihres Ranges unterhalb der Kohorten (500 Mann starke Infanterie-Einheiten) und *Alen* (500 oder 1000 Mann starke Kavallerie-Einheiten) rangierte. Mit 0,7 ha und einer Besatzung von rund 150 Soldaten war das Kastell recht klein, und die Distanz zwischen den benachbarten Kastellen Buch im Westen (12,5 km) und Ruffenhofen im Osten (14,6 km) recht groß. Deshalb muss auf dieser Strecke mit einem weiteren, allerdings größeren Kastell gerechnet werden, das eine 500 Mann starke Einheit, eine Kohorte, beherbergen konnte. In der Publikation der Reichs-Limeskommission liest sich das wie folgt: »… wahrscheinlich stehen wir noch nicht am Ende der Entdeckungen.« Diese Aussage lässt sich natürlich für die Limesforschung generalisieren, was die Beschäftigung mit der römischen Grenzanlage nach wie vor so spannend macht.

### Sensenblätter aus dem Lagerdorf des Kastells Buch bei Rainau-Buch

Bei Ausgrabungen im Lagerdorf des Kastells Buch fanden sich 1979 im fundreichen Brunnen 7 zwei Sensenblätter aus Eisen von knapp 1,2 m Länge. Die Gerätschaften belegen die Bewirtschaftung von Wiesen vor Ort.

### Scythe blades from Buch fort at Rainau-Buch

Two scythe blades made of iron and of a length of 1.2 m were found during excavations in a well of Buch fort camp. They prove the way people worked and cultivated the meadows on the spot.

### Lames de faux du camp fortifié du Castel Buch près de Rainau-Buch

En 1979 durant les fouilles dans le camp du castel Buch, on trouva sur le site fontaine 7 deux lames de faux en acier d'une longueur de 1,2 m. Les outils prouvent que les prés de l'endroit étaient entretenus.

### Literatur

Reichs-Limeskommission (Hg.), Der obergermanisch-raetische Limes des Roemerreiches, Abt. A Strecke 12 (Heinrich Steimle) 1935.

Reichs-Limeskommission (Hg.), Der obergermanisch-raetische Limes des Roemerreiches, Abt. B Nr. 67a Halheim (Heinrich Steimle) 1901.

Fundberichte aus Baden-Württemberg 28/2, 2005, 204–205.

Thomas Becker, Archäozoologische Untersuchungen an Tierknochenfunden von Wachttürmen und Kleinkastellen am Limes. In: Peter Henrich (Hg.), Der Limes vom Niederrhein bis an die Donau. 6. Kolloquium der Deutschen Limeskommission 15./16. März 2011 in Mainz. Beiträge zum Welterbe Limes 6 (Stuttgart) 2012, 157–175.

## WACHT AUF EINEM AUSSICHTSBALKON IN SICHTWEITE DES HESSELBERGES
# WACHTPOSTEN WP 12/109 BEI STÖDTLEN-OBERZELL

**Stephan Bender**

Unweit der Stelle, an der 2011 die Veteranen- und Reservistenkameradschaft Stödtlen ein Holzkreuz mit Gedenkstein aufgerichtet hat, befinden sich im Boden die Reste von Wachtposten WP 12/109. In klassischer Weise war der Steinturm in die Limesmauer eingebunden, so dass die Außenfront des Turms an dieser Stelle die Außenfront der Mauer bildete. Sichtbare Spuren des Limes haben sich hier nicht erhalten. Dennoch empfiehlt sich ein Besuch dieses Platzes am Limes. Der ehemalige Turmstandort besticht durch seine Lage und Aussicht. Der Turm befand sich auf der Spitze einer kleinen vorgeschobenen Landzunge, die sich bastionsartig über das Vorland erhebt. Die Aussicht ist phänomenal. Sie reicht weit über Dinkelsbühl nach Norden und im Osten zum mittelfränkischen Hesselberg, auf den der Limes zielt.

## GUARD FROM A VANTAGE POINT BALCONY IN EYE CONTACT WITH HESSELBERG HILL – THE WATCHTOWER WP 12/109 NEAR STÖDTLEN-OBERZELL

The remains of watchtower WP 12/109 are near the place where Stödtlen comradeship of veterans and reservists put up a wooden cross and a memorial plaque. In a classical way the stone tower was fitted into the wall, so its exterior was the exterior of the wall. Yet there are no visible traces preserved. In spite of it we highly recommend a visit to this place, because the watchtower's site provides you with an impressive view. The position of the tower was on a peak top jutting out like a promontory over the foothills. The view is exceptional reaching out towards Dinkelsbühl town in the north and to Franconian Hesselberg in the east, at which Limes points.

## GARDE SUR UN BALCON D'OBSERVATION VISIBLE DU HESSELBERG – LE POSTE DE GARDE WP 12/109 PRÈS DE STÖDTLEN-OBERZELL

Pas loin de l'endroit où les vétérans et réservistes de Stödtlen ont installé en 2011 une croix commémorative se trouvent dans le sol les vestiges du poste de garde WP 12/109. La tour en pierre était dressée dans le mur du Limes de manière classique, c'est-à-dire que sa face extérieure correspondait à la face extérieure du mur. Il n'y a pas de vestiges visibles du Limes à cet endroit qu'il est pourtant recommandé de visiter car le site et la vue sont impressionnants. La tour se trouvait sur la pointe d'une avancée de terrain qui domine le paysage comme un bastion. La vue est exceptionnelle car elle porte au nord jusqu'à la région au-delà de Dinkelsbühl et à l'est jusqu'au Hesselberg sur lequel pointe le Limes à l'intérieur de la Franconie.

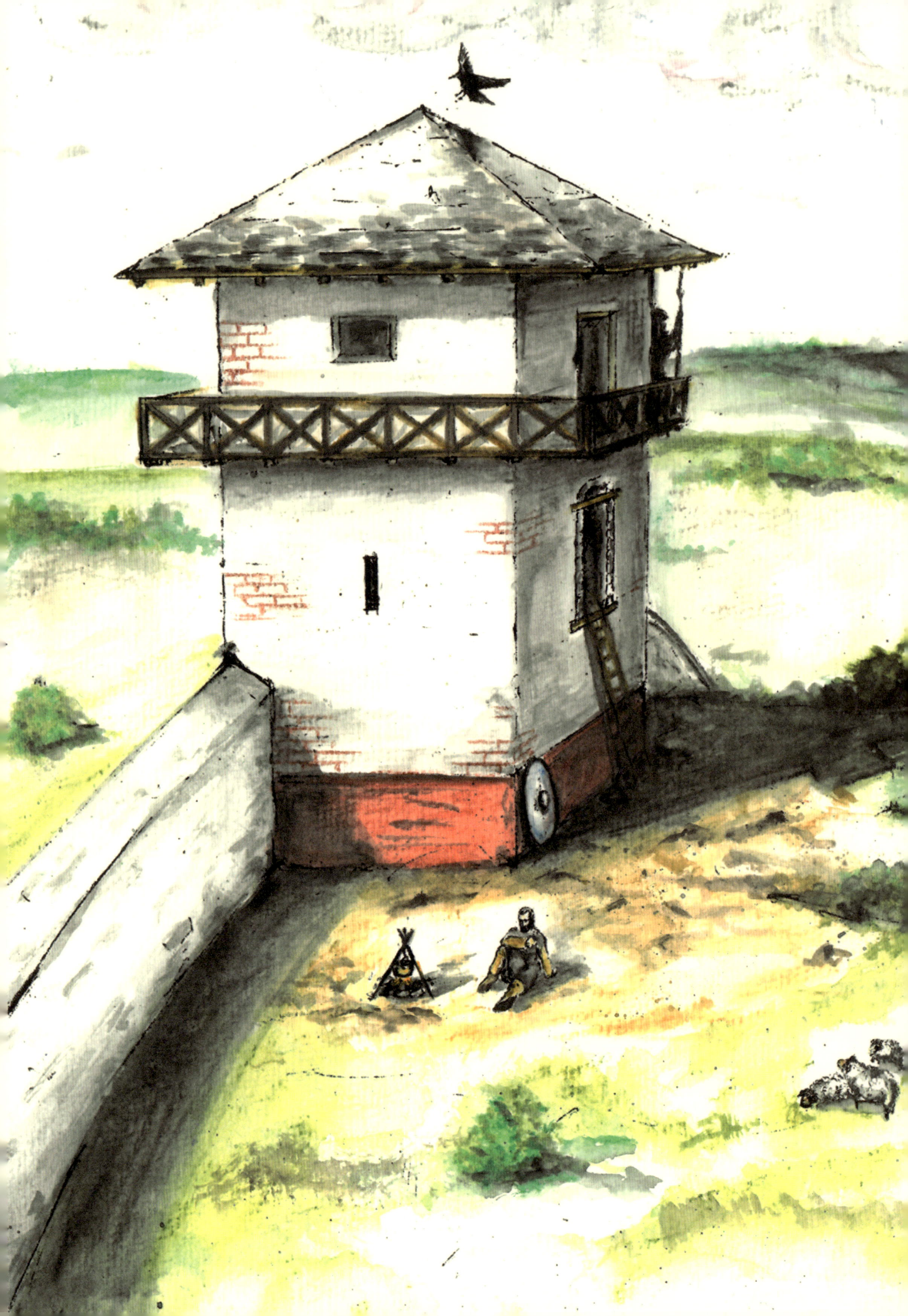

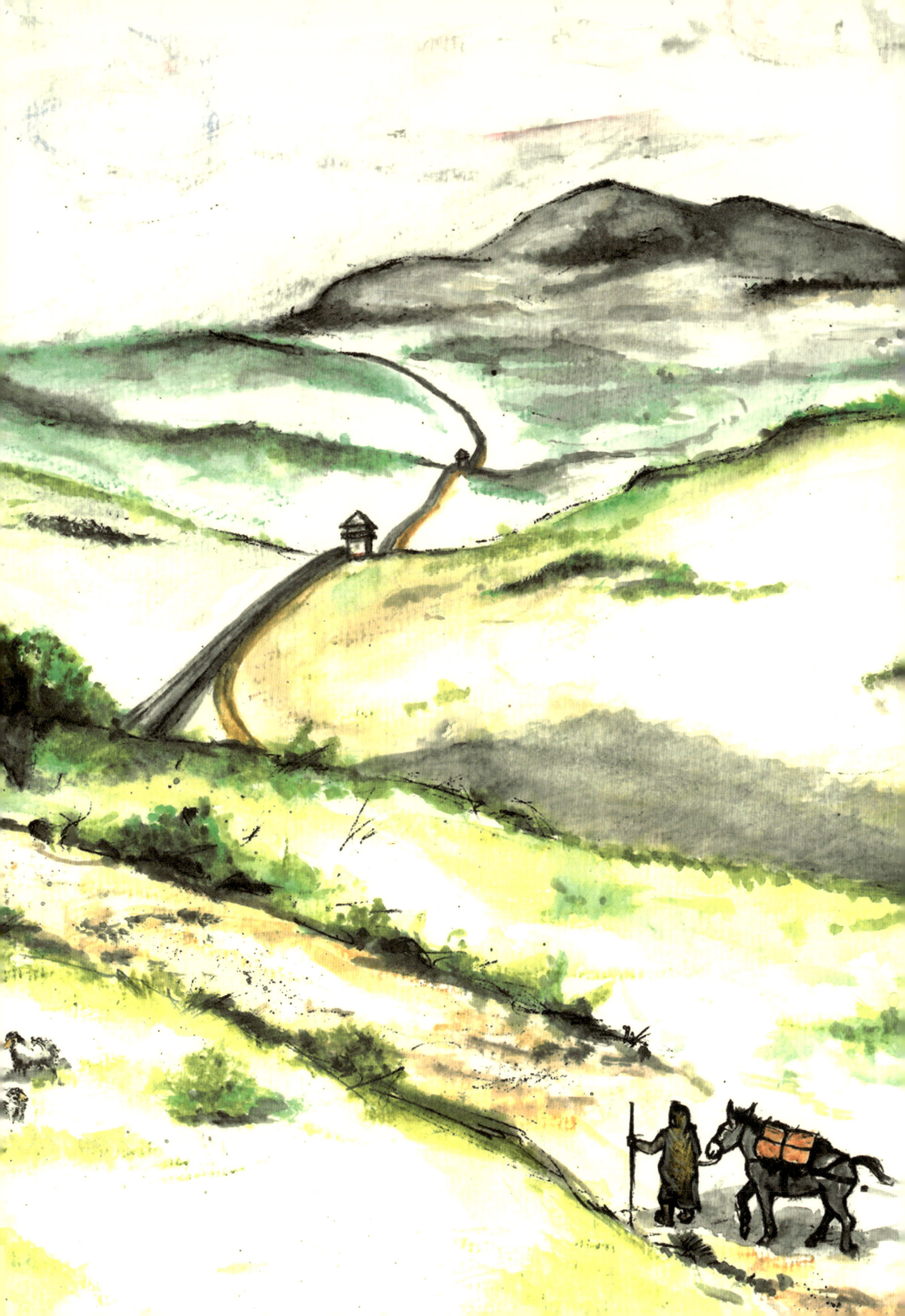

# WACHT AUF EINEM AUSSICHTSBALKON IN SICHTWEITE DES HESSELBERGES
## WACHTPOSTEN WP 12/109 BEI STÖDTLEN-OBERZELL

Heinrich Steimle, Streckenkommissar der Reichs-Limeskommission für die Strecke 12 des obergermanisch-raetischen Limes, hatte die Reste des Wachtturms Ende des 19. Jhs. im Zuge seiner systematischen Forschungen entdeckt. Er führte an einer Stelle Ausgrabungen durch, an der zuvor schon aufgrund der besonderen Topografie ein Turm vermutet worden war und bestätigte damit die Mutmaßungen, als er auf die Westhälfte eines Turms und die Limesmauer stieß. Der Turm hatte eine Mauerstärke von 95 cm, die Mauer von 115 cm. Steimle konnte nachweisen, dass der Turm in die Mauer eingebunden war. Somit bildete die Außenfront des Turms an dieser Stelle die Außenfront der Mauer, wie es am raetischen Limes nahezu üblich war. Gelegentlich befanden sich die Türme hinter der Mauer, die erst einige Zeit nach Errichtung der Steintürme erbaut worden war. Bestimmt war auch dieser Turm mit einem weißen Verputz versehen, in den rot ausgemalte Quaderfugen eingeritzt worden waren. Damit entstand der Eindruck, der Turm sei aus weißen Steinquadern errichtet worden. Möglicherweise war ja auch die Mauer – zumindest auf ihrer Germanien zugewandten Seite – auf diese Weise gestaltet worden. Den Turmstandort markiert heute in etwa ein Holzkreuz mit Gedenkstein, das die Veteranen- und Reservistenkameradschaft Stödtlen hier 2011 aufgestellt hatte, hoch über dem Ort, der 1973 namengebend für die Großgemeinde wurde. Von den Limesanlagen ist nichts mehr zu sehen, aber wegen der besonderen Geländesituation lohnt ein Besuch der Stelle.

### Der Wachtturm WP 12/109

Unser Turm bei Stödtlen wurde als Turm 109 an der Strecke 12 des obergermanisch-raetischen Limes gezählt. Diese Nummerierung geht auf die Reichs-Limeskommission zurück. Sie gliederte den Limes zwischen Rhein und Donau in 15 Strecken und nummerierte die nachgewiesenen und vermuteten Türme jeder Strecke durch. Wir haben es also zu tun mit Wachtposten WP 12/109, so die Formulierung in der Fachliteratur. Leider ist uns bis heute kein antiker Name eines Limesturmes bekannt geworden. Sie sind vorauszusetzen, denn sie erst ermöglichten eine sinnvolle Kommunikation im durchorganisierten römischen Grenzbetrieb. Aus Ägypten ist der Name eines Wachtturms bekannt, der an einer Karawanenstraße zwischen Nil und Rotem Meer errichtet worden war. Der Turm hatte die Bezeichnung *ad Iseum*. Der Name orientierte sich ganz offensichtlich an einem benachbarten Isis-Heiligtum. So ist zu vermuten, dass man auch die Namen der Limestürme von besonderen topografischen Merkmalen der Umgebung (Berge, Gewässer, Bauwerke, Siedlungen usw.) herleitete.

Die Wahl des Platzes für den Bau des Turms bedarf keiner großen Erläuterung. An der Vorderspitze einer bastionsartig vorspringenden Landzunge des Lias-Plateaus, das auf der mächtigen Schicht des Stubensandsteins aufliegt,

---

**Routineaufgaben am Wachtturm WP 12/109**

Vor der beherrschenden Kulisse des Hesselberges läuft am landschaftlich exponiert gelegenen Wachtturm der tägliche Dienstbetrieb. Neben der Überwachung des Limes gibt es viel zu tun. Für die Besatzung muss das Essen zubereitet werden. Ein Soldat kommt mit einem Maultier zurück. Er hat Vorräte besorgt.

**Routine service at watchtower WP 12/109**

Facing Hesselberg panorama we witness the daily service routine around the watchtower. There was much work to do apart from supervising Limes. They had to prepare their meals. One soldier is returning with his mule with which he has acquired stocks of food.

**Routine de service dans la tour de garde WP 12/109**

C'est devant le panorama dominant du Hesselberg que se déroulent les travaux de service quotidiens de la tour de garde. En plus de la garde elle-même, il y a de nombreux autres travaux. Il faut préparer la nourriture. Un soldat revient avec un âne. Il s'est procuré des vivres.

wurde der Turm aufgerichtet. Die Mauer überwand zu beiden Seiten des Turms sogleich den Steilhang der Landzunge, was ein spektakuläres Bild abgab. Der Limes, der Geländestreifen, war so in beide Richtung hervorragend zu überschauen und damit zu kontrollieren. Das war bekanntermaßen die Hauptaufgabe der Turmbesatzungen. Diese Aufgabe wurde an diesem Platz dadurch erleichtert, dass der Limes weitgehend geradlinig verlief. Er zielte nach Osten direkt auf die Mitte des Hesselberges, der als Richtpunkt bei der Absteckung der Limeslinie fungiert haben dürfte. Vielleicht befand sich auf dem Hesselberg ein großes, die Landschaft prägendes Monument, das ganz nebenbei auch zur Orientierung dienen konnte?

## LEBEN BEIM WACHTTURM

Den Wachtdienst versah die drei- bis sechsköpfige Besatzung im Schichtbetrieb auf dem Turm. Dort befand sich auch die Schlafstatt und – wenn man so will – das Wohnzimmer. In nicht geringem Umfang spielte sich das Leben der Besatzung aber auch im Umfeld der Türme ab. Was sich aufgrund älterer Beobachtungen andeutete, generell aber auch logisch ist, bestätigen neuere Forschungen.
Im Umfeld der Türme finden sich Backöfen und Kellergruben zur Herstellung und Bevorratung von Lebensmitteln. Zisternen dienten der Wassersammlung, Feuerstellen zeugen von der Essenszubereitung oder dem Wunsch nach Wärme. Und irgendwo müssen die Männer ihre Notdurft verrichtet haben. Angesichts des Personalumfangs und einem rund hundert Jahre währenden Dienstbetrieb am Turm, muss dieses »Alltagsgeschäft« besonders geregelt worden sein. Sehr wahrscheinlich wurden an einer bestimmten Stelle entsprechende Voraussetzungen geschaffen. Diese Einrichtungen mögen aus gutem Grund eine gewisse Distanz zum Turm gehabt haben – offenbar deshalb hat man entsprechende Gruben bei den Forschungen noch nicht aufgefunden.
Die Turmbesatzung lebte autark und war auch für die eigene Versorgung zuständig. Das betrifft das Herbeischaffen von Lebensmitteln und die Zubereitung des Essens. Bei den Grabungen gefundene Mahlstein- und Amphorenfragmente lassen keinen Zweifel. Inzwischen konnte die Archäozoologie durch Knochenfunde mit an Sicherheit grenzender Wahrscheinlichkeit nachweisen, dass sich die Soldaten an den Türmen zumindest gelegentlich Schafe hielten. Dabei wird die Fleischnutzung im Vordergrund gestanden haben. Die Tiere waren aber auch sehr nützlich dabei, die Vegetation in der Umgebung des Turmes niedrig zu halten. Es zeichnet sich also ein buntes Leben rund um die Wachttürme ab. Die Archäologie muss dieser Zone in der Zukunft vermehrt Aufmerksamkeit schenken.
Die Besatzung des Turmes kannte offenbar keinen Leerlauf. Dienstbetrieb und Aufrechterhaltung der Arbeitskraft forderten ständig.

Dambach WP 111 WP 112 WP 113 Landesgrenze zu Bayern WP 13/1

Natürlich war bei der Überwachung des Limes entscheidend, die Linie von Turm zu Turm im Blick zu haben. Hier hatte man aber auch eine phänomenale Aussicht in das Vorland des Limes nach Norden. Der Blick reichte entlang der breiten Niederung der Wörnitz über Dinkelsbühl hinaus. Der Blick in das Vorland des Limes wird zumindest punktuell auch von Bedeutung gewesen sein – gerade im Bereich einer Verkehrsachse, wie sie das Wörnitztal in Richtung Main gewesen sein mag.

Der unkontrollierte Übertritt des Limes war den Germanen nicht erlaubt. Wurde dieses Verbot missachtet und der Übertritt einer Einzelperson oder einer Gruppe von römischen Grenzsoldaten registriert, versuchte man die Eindringlinge zu stellen. Hierzu bedurfte es bisweilen der Verständigung mit den Nachbartürmen, ja sogar mit den Kastellen. Dabei bediente man sich akustischer und optischer Signale, also Blasinstrumenten, Feuer oder Flaggen. So wurde am Wachtposten WP 4/18 im Taunus das Mundstück eines *lituus* gefunden. Die Wahl der Mittel war natürlich wetterabhängig. Um Nachrichten zu übermitteln, muss es eine Reihe von Signalen gegeben haben, deren Bedeutung abgesprochen und beim Wachtpersonal bekannt war.

### Mundstück eines Blasinstrumentes vom Limes im Taunus

Zur akustischen Signalübermittlung von Turm zu Turm bediente man sich eines bestimmten Blasinstruments. Das Instrument, der *lituus*, hatte einen hellen und durchdringenden Klang.

### Mouthpiece of a brass instrument found at Limes in the Taunus hills

In order to transmit acoustic signals from watchtower to watchtower the Roman soldiers used a special brass instrument called *lituus*. It had a bright and piercing sound.

### Embouchure d'un instrument de musique provenant du Limes de la région du Taunus

Pour transmettre des signaux acoustiques de tour en tour, on utilisait un instrument spécial. Cet instrument, le *lituus*, avait un son particulièrement aigu et pénétrant.

### Literatur

Reichs-Limeskommission (Hg.), Der obergermanisch-raetische Limes des Roemerreiches, Abt. A Strecke 12 (Heinrich Steimle) 1935.

Dietwulf Baatz, Die Wachttürme am Limes. Kleine Schriften zur Kenntnis der römischen Besetzungsgeschichte Südwestdeutschlands 15 (Stuttgart) 1976.

Egon Schallmayer, Archäologische Ausgrabungen an WP 5/4 »An der alten Rüdigheimer Hohle« bei Ravolzhausen, Gemeinde Neuberg. In: Andreas Thiel (Hg.), Forschungen zur Funktion des Limes. 3. Fachkolloquium der Deutschen Limeskommission 17./18. Februar 2005 in Weißenburg i. Bay. Beiträge zum Welterbe Limes 2 (Stuttgart) 2007, 57–81.

Thomas Becker, Archäozoologische Untersuchungen an Tierknochenfunden von Wachttürmen und Kleinkastellen am Limes. In: Peter Henrich (Hg.), Der Limes vom Niederrhein bis an die Donau. 6. Kolloquium der Deutschen Limeskommission 15./16. März 2011 in Mainz. Beiträge zum Welterbe Limes 6 (Stuttgart) 2012, 157–175.

# AUTOREN UND ILLUSTRATOR

### DR. STEPHAN BENDER **Autor**

Geboren in Gießen. Studium der Provinzialrömischen Archäologie mit den Nebenfächern Alte Geschichte und Klassische Archäologie in Frankfurt am Main und Freiburg im Breisgau. Dissertation zu Bronzegefäßen aus den römischen Vesuvsiedlungen. Zwischen 2000 und 2005 zuständig für das Projekt Welterbe Limes in Hessen. Seit 2008 Limeskoordinator von Baden-Württemberg beim Landesamt für Denkmalpflege im Regierungspräsidium Stuttgart. Verfasser zahlreicher Buch- und Zeitschriftenbeiträge zum obergermanisch-raetischen Limes und zu römischen Metallgefäßen.

### DR. MARTIN KEMKES **Autor**

Er studierte Provinzialrömische Archäologie, Klassische Archäologie, Alte Geschichte und Ägyptologie in Würzburg, Köln und Freiburg. Von 1993–1995 war er wissenschaftlicher Mitarbeiter beim Kurpfälzischen Museum in Heidelberg und leitete von 1995–2003 das Referat Römerzeit beim Württembergischen Landesmuseum in Stuttgart. Seit 2003 ist er Referatsleiter für die Zweigmuseen am Archäologischen Landesmuseum Baden-Württemberg und in dieser Funktion zuständig für das Limesmuseum Aalen und das Römermuseum Osterburken. Autor zahlreicher Bücher und Zeitschriftenbeiträge zum Thema Römer und Limes.

### DR. ANDREAS THIEL **Autor**

Geboren in Erlangen, studierte Provinzialrömische Archäologie und Vor- und Frühgeschichte in München und Cardiff. Er koordinierte die Abfassung des Antrags zum UNESCO Welterbe Obergermanisch-Raetischer Limes und war von 2003 bis 2008 Geschäftsführer der Deutschen Limeskommission. Heute arbeitet er im Regierungspräsidium Stuttgart als Konservator in der archäologischen Denkmalpflege und ist nebenberuflich Autor und Herausgeber zahlreicher Veröffentlichungen zum römischen Deutschland.

### TILMAN GATTER **Illustrator**

Tilman Gatter wurde 1980 in Erlangen geboren und lebt heute in Schwäbisch Gmünd. Er hat an der Merz-Akademie in Stuttgart Kommunikationdesign studiert und arbeitet seit seinem Diplom als freier Kommunikationsdesigner, Illustrator und Fotograf. Für fotografische Projekte bereiste er Länder wie Australien, verschiedene Südsee-Inseln und Japan. Seit seinem 14. Lebensjahr betreibt er das Dj-ing mit Vinyl für elektronische Musik in verschiedenen Clubs in Deutschland.